Notre auteur, Céline Fion, Belge d'origine, a vécu plusieurs années à Bruxelles avant de s'expatrier. Entre retrouvailles en terrasse et mise à jour de ces pages, elle ne cesse de redécouvrir sa capitale de cœur. Elle vous confie les pépites de son carnet d'adresses mêlant dernières sensations et bons plans indémodables...

Notre photographe, Patrick Hauser, est également journaliste et cameraman free-lance passionné. Il collabore avec de nombreux titres de la presse grand public, des maisons de production et d'édition. Il ne se lasse pas de photographier Bruxelles.

Un Grand Week-end sur les réseaux sociaux

Suivez-nous sur *Facebook*, *Twitter* et *Instagram* **@Ungrandweekend**

Vous y trouverez nos photos coups de cœur, nos expériences uniques et surtout une réponse personnalisée à toutes vos questions.

Et si vous y contribuiez ? Nous aimons beaucoup voir nos guides en voyage : postez une photo de votre guide en situation et taguez-nous, nous partagerons les plus belles et récompenserons régulièrement les plus appréciées.

2018 Les expos À NE PAS MANQUER

Centre belge de la Bande Dessinée

BOZAR

➡ Fernand Léger. Le beau est partout

Première rétrospective de l'artiste en Belgique, cette exposition, réalisée en collaboration avec le centre Pompidou-Metz, présente les différentes facettes de l'œuvre de Fernand Léger : peintures, fresques, vitraux, décors, sculptures...

9 février 2018 - 3 juin 2018.

Infos pratiques p. 54.

ADAM - BRUSSELS DESIGN MUSEUM

➡ Soviet Design. Red Wealth (1950-1980)

En collaboration avec le Moscow Design Museum, cette grande rétrospective permet de découvrir les objets du quotidien et les magnifiques productions graphiques réalisées en URSS des années 1950 à 1980.

24 janvier 2018 - 21 mai 2018.

Infos pratiques p. 95.

MUSÉE DU CINQUANTENAIRE

➡ Oceania. Voyages dans l'immensité

Partez sur les traces des explorateurs du XVIIIe s. à la conquête de l'Océanie. Plus de 200 objets, dont des cartes et des maquettes de bateaux.

Jusqu'au 29 avril 2018.

Infos pratiques p. 91.

CENTRE BELGE DE LA BANDE DESSINÉE

➡ La nouvelle BD flamande

Les nouveaux talents de la bande dessinée flamande sont mis en lumière dans cette exposition. Traduits en plusieurs langues, ils sont reconnus internationalement pour leurs qualités artistiques et scénaristiques.

Jusqu'au 3 juin 2018.

Infos pratiques p. 44.

➡ Panorama de la BD chinoise

Cette exposition présente l'histoire de la BD chinoise qui a pris son essor au début du XXe s. mais qui doit beaucoup aux traditionnels *lianhuanhua*, petits fascicules contenant un récit illustré de magnifiques dessins.

13 février 2018 - 9 septembre 2018.

Infos pratiques p. 44.

ATOMIUM

➡ Magritte, Atomium meets surrealism

Pour les 60 ans de l'Atomium, René Magritte est mis à l'honneur.

Musée du Cinquantenaire

Ses œuvres phares, notamment *Les Amants* ou *Le Fils de l'Homme*, sont transformées en décor et permettent au visiteur de plonger directement dans le monde surréaliste de l'artiste belge. Une expérience inédite !

Jusqu'au 10 septembre 2018.

Infos pratiques p. 94.

PORTE DE HAL

➡ Little Life. Les maisons de poupées et l'habitat au XIXe s.

Entrez dans le monde miniature des maisons bourgeoises bruxelloises du XIXe s. grâce à cette exposition de jouets d'époque. La pièce maîtresse de la collection est une remarquable maison de poupée de style néoclassique datant de 1900.

Jusqu'au 25 novembre 2018.

Infos pratiques p. 67.

Les incontournables
DE BRUXELLES

LA GRAND-PLACE ET SES ALENTOURS

Avec ses façades richement ornementées, son hôtel de ville et ses maisons des corporations, la Grand-Place est toujours le « plus riche théâtre du monde » (Cocteau). À deux pas se trouvent les élégantes **galeries royales Saint-Hubert** qui plongent les promeneurs dans l'écho d'un passé raffiné. Voir p. 25.

MANNEKEN-PIS

Le petit garnement de bronze passe ses journées à uriner devant le regard amusé des passants. Symbole d'une ville qui a le sens de la dérision, la célèbre statue du XVIIe s. est revêtue, au fil du calendrier, de tenues d'apparat à thème. Voir p. 26.

PARCOURS BD

Spirou, Tintin, Corto Maltese, Obélix... Les personnages emblématiques de bande dessinée font le mur sur une soixantaine de fresques réparties dans la ville. Dénichez ces œuvres dans le centre historique mais aussi dans les rues des Marolles et de Laeken. Voir p. 27.

CENTRE BELGE DE LA BANDE DESSINÉE

Installé dans un bâtiment Art nouveau, ce musée est le temple du neuvième art ! Si vous rêvez de côtoyer vos héros préférés, découvrir les origines de la bande dessinée et en savoir plus sur les grands auteurs de la BD belge, d'Hergé à Franquin, le CBBD est un passage obligé. Voir p. 44.

PALAIS ROYAL

Cabinet de travail du roi Philippe, le palais royal se visite l'été. L'occasion de découvrir ses fastueuses salles d'apparat, mais aussi le génial musée BELvue, un espace didactique sur l'histoire du pays et de sa monarchie et donnant accès à un trésor archéologique souterrain, le Coudenberg... Voir p. 48-50.

MUSÉES ROYAUX DES BEAUX-ARTS

Attention ! Concentration anormalement élevée de culture sur le bien nommé mont des Arts ! Le musée Old Masters, le musée d'Art moderne et le musée Fin de siècle, mais aussi les musées Wiertz et Meunier dans d'autres quartiers, réunissent la crème artistique européenne. Alors, vous êtes plutôt primitifs flamands, féru d'Art nouveau ou fan d'art moderne ? Voir p. 51-52.

MUSÉE MAGRITTE

Ciels nuageux peuplés d'hommes en chapeau melon, pipes qui n'en sont pas, jeux de mots... On valse avec la poésie dans l'univers du plus grand peintre surréaliste belge ! L'occasion rêvée d'explorer l'œuvre et la vie de l'artiste, au-delà des clichés qui lui sont attachés. Voir p. 52.

LES MAROLLES

Autrefois zone de refuge des exclus, les Marolles ont conservé leur âme populaire et une identité propre. Sa botte secrète ? L'incontournable marché aux puces place du Jeu-de-Balle qui, tous les jours, fait le bonheur des chineurs. Voir p. 62.

L'ART NOUVEAU

Dynamisée par une bourgeoisie libérale prête à toutes les expérimentations architecturales, Bruxelles se couvre d'hôtels particuliers Art nouveau au tournant des XIXe et XXe s. Maison et musée Horta, maisons Cauchie et Autrique, hôtels Tassel, Solvay, Hannon... Bruxelles est LA capitale de l'Art nouveau ! Voir p. 72 et 78-79.

PARC ET MUSÉE DU CINQUANTENAIRE

Créé en 1880 par Léopold II, puis complété lors de l'Exposition universelle de 1897, c'est aujourd'hui un écrin de verdure béni des Bruxellois et le plus grand musée de Belgique, consacré aux antiquités du monde entier. Voir p. 90-91.

MUSÉE VAN BUUREN

Bâtie dans le style de l'école d'Amsterdam, cette maison de la fin des années 1920 renferme un intérieur d'exception mêlant le meilleur de la décoration et du design Art déco ainsi qu'une vaste collection d'œuvres d'art. Le tout complété par un époustouflant jardin mêlant labyrinthe, cœurs végétaux et roseraie. Voir p. 76.

MUSÉE HORTA

Rien de tel qu'une visite dans ce musée pour découvrir l'Art nouveau à Bruxelles. La maison et l'atelier de l'architecte Victor Horta, maître du mouvement en Belgique, ont conservé mosaïques, vitraux et mobilier d'époque. Voir p. 74.

ATOMIUM

Pour l'Exposition universelle de 1958, Bruxelles érigea une réplique monumentale de la structure élémentaire d'un cristal de fer... et les Bruxellois décidèrent de la garder. Engouffrez-vous dans ses étonnants tubes et déambulez de sphère en sphère pour mettre la ville à vos pieds. Voir p. 94.

10 expériences UNIQUES

BULLER SUR LES RAILS

Plongez dans l'histoire du chemin de fer lors d'un voyage à toute vapeur avec le génial dessinateur de BD François Schuiten comme chef de bord. (Train World : 5, place Princesse-Élisabeth, HP par C1 ; ☎ 02 224 74 98, www.trainworld.be ; mar.-dim. 10h-17h ; entrée : 10 €). Une expérience à compléter par une nuit dans un wagon, à quelques pas du musée (6, avenue Georges-Rodenbach, HP par C1 ; ☎ 02 808 61 76 ; www.trainhostel.be).

BRASSER SA BIÈRE

Le temps d'un après-midi ou d'un week-end, Brewspot vous initie à l'art du brassage et vous repartez avec des bières maison (p. 157) !

À TABLE DANS LE TRAM

Embarquez dans ce tram-restaurant haut de gamme pour apprécier un menu concocté par un chef étoilé et une balade de deux heures dans Bruxelles illuminée (Tram Experience, p. 119).

SE PROMENER AVEC JACQUES BREL

Visitez la fondation Jacques Brel et promenez-vous dans le centre de Bruxelles au son de ses chansons, de ses interviews et de témoignages de ses proches. Un bon moyen de (re)découvrir le chanteur (www.jacquesbrel.be ; mar.-sam. 12h-17h30 ; départ des éditions Jacques Brel, 11 place de la Vieille-Halle-aux-Blés, H8).

REGARDER LA VILLE D'EN HAUT...

... depuis l'ascenseur en verre Poelaert, qui relie le quartier populaire des Marolles au palais de justice (p. 65).

S'INITIER À L'ART 2.0

Derrière les murs de l'ancienne brasserie Bellevue, le MIMA vous catapulte au cœur de la culture numérique, de l'artivisme, du street art et des cultures urbaines et présente tous les pans de la création contemporaine, sans limite ni snobisme (p. 41).

PARTIR EN CROISIÈRE

Oubliez les métros souterrains et les embouteillages, filez plutôt au vert à Laeken (quartier 13) par la voie buissonnière : aux beaux jours une navette vogue sur le canal de Charleroi au départ du quai des Péniches (HP par C1 ; www.waterbus.eu ; mai-oct.).

PRENDRE LA PAUSE AVEC UNE STATUE

Has been, le Manneken-Pis ? Pourquoi ne pas opter pour un selfie avec sa réplique féminine, la Jeanneke-Pis, ou bien canine, le Zinneke-Pis (encadré p. 31) ?

CHAMBOULER LES CODES...

... en mangeant dans une caserne de pompiers (Pin Pon, p. 119), en dormant dans une maison de rendez-vous (hôtel Le Berger, p. 212) ou en dansant dans une église (Spirito : 18, rue Stassart, C3 ; M° Porte-de-Namur ; ☎ 0483 580 697 (mob.), www.spiritobrussels.com ; ven.-sam. soir à partir de 23h).

SE FAIRE UNE TOILE FAÇON DÉBUTS DU CINÉMA

Redécouvrir les classiques du cinéma muet en noir et blanc sur les notes d'un concert improvisé par un musicien ? Voilà le voyage dans le temps unique que propose la cinémathèque de Bruxelles (p. 55) !

Un grand week-end SUR MESURE

Première fois à Bruxelles ?

Suivez notre programme pour ne rien rater des incontournables de Bruxelles... Nous avons découpé la ville en 13 quartiers. Évidemment, en trois jours, vous ne pourrez pas faire toutes ces balades. À vous de voir si vous voulez remplacer telle visite par une autre en fonction de vos centres d'intérêt.

Grand-Place

PREMIER JOUR

➥ Démarrez par une dose d'émerveillement au gré de notre quartier 1 qui concentre quelques-uns des incontournables : la Grand-Place, les galeries royales Saint-Hubert, et le célèbre Manneken-Pis.

➥ Rechargez ensuite vos batteries dans un estaminet (p. 138) ou une brasserie belge (p. 105).

➥ Enjambez l'ancien tracé de la Senne pour rejoindre notre quartier 2, le cœur historique de la ville, puis Sainte-Catherine (quartier 3), idéal pour faire des emplettes mode et se balader sur les quais des bassins.

➥ Profitez de l'offre d'adresses bistronomiques pour le dîner.

DEUXIÈME JOUR

➥ Commencez la journée sur le mont des Arts, notre quartier 5, pour découvrir l'un des musées royaux des Beaux-Arts, ou le musée Magritte, à moins que vous ne préfériez une leçon d'histoire belge au BELvue ou une immersion au musée des Instruments de musique. Vous n'avez que l'embarras du choix !

Place du Jeu-de-Balle

➡ Jetez un œil au palais royal et faites une pause pique-nique dans son parc.
➡ L'après-midi, goûtez à l'effervescence de Matonge l'africaine (quartier 8), puis partez à la découverte des plus beaux hôtels Art nouveau au Châtelain, notre quartier 9.
➡ Profitez d'une soirée animée sur la place Flagey (quartier 10). Si vous n'avez pas encore goûté aux fameuses frites belges, vous êtes au bon endroit ! Prolongez la soirée dans cette partie de la ville, réputée pour ses bars et ses restaurants branchés.

TROISIÈME JOUR

➡ Quartier 6, offrez-vous un lèche-vitrine gourmand et arty entre chocolatiers et antiquaires.
➡ Descendez dans le populaire quartier des Marolles (quartier 7) pour profiter de l'ambiance du marché aux puces de la place du Jeu-de-Balle.
➡ Pour votre pause lunch, découvrez les « pistolets » belges (p. 116) ou sélectionnez l'un des brunchs du quartier (p. 126).
➡ L'après-midi, adeptes du neuvième art, partez à la découverte des fresques BD sur les murs de la ville (p. 27), puis prolongez le plaisir au centre belge de la Bande Dessinée (p. 44).

NOS CONSEILS DE VISITE

➡ Attention, les musées sont généralement fermés le lundi.
➡ Les prix sont plus doux en semaine au marché du Jeu-de-Balle.

Déjà venu ?

Vous connaissez déjà les incontournables de Bruxelles ? Aventurez-vous dans les autres quartiers pour de nouvelles découvertes.

Serres royales de Laeken

LAEKEN (QUARTIER 13)

Mise au vert et voyage au cœur de l'atome ! L'Atomium, emblématique structure aux sphères d'acier héritée de l'Exposition universelle de 1958, se situe à une demi-heure du centre-ville. À ses pieds s'ouvre le plateau du Heysel et le domaine royal de Laeken. Constitué d'un vaste parc, ce dernier est le lieu de résidence de la famille royale de Belgique qui y a érigé son château, ainsi que des serres qui marquèrent l'histoire de l'architecture du pays. Cette balade au grand air peut être prolongée par une randonnée à vélo le long de la Promenade verte, un circuit balisé de 60 km.

QUARTIER EUROPÉEN (QUARTIER 11)

Le cœur du pouvoir européen vous donne rendez-vous. Les différents édifices, souvent contestés lors de leur construction, offrent une étonnante balade architecturale. Vous aimeriez mieux comprendre les ressorts de l'UE ou approfondir vos connaissances ? Les institutions se font pédagogues : entre la visite du Parlement, du Parlementarium et de la maison de l'Histoire européenne, vous ressortirez incollable sur toutes ses subtilités. Par-delà la dimension politique, le quartier est également doté d'un parc attachant et du fascinant institut royal des Sciences naturelles : ne manquez pas les colossaux squelettes de dinosaures !

Parlement européen

LE CINQUANTENAIRE (QUARTIER 12)

Derrière le quartier européen, le Cinquantenaire est une zone de coquets hôtels de maître, marquée par l'imposant parc du Cinquantenaire. Rêvé par le roi bâtisseur Léopold II, il recèle des attractions majeures. Le musée du Cinquantenaire pourrait à lui seul vous tenir occupé un week-end entier tant il regorge de pièces allant de découvertes archéologiques européennes à la mise en avant des arts décoratifs en passant par nombre d'objets éclairant les cultures du monde. À côté, découvrez Autoworld, un génial musée de l'automobile qui rappelle le rôle de la Belgique dans cette industrie.

Musée de l'Armée et parc du Cinquantenaire

Fêtes & FESTIVALS

Janvier

Brafa Art Fair
L'une des foires d'art les plus prestigieuses au monde a lieu la dernière semaine du mois.
www.brafa.be

Mars

Museum Night Fever
Le premier samedi du mois, une vingtaine de musées ouvrent leurs portes en soirée lors de visites guidées, concerts, spectacles de danse, etc.
www.museumnightfever.be

BANAD Festival
Le Brussels Art Nouveau & Art Deco Festival ouvre au public les intérieurs des plus belles demeures du 2e sam. à la fin du mois.
www.banad.brussels

KlaraFestival
Festival de jazz et de musique classique au Bozar et au Beursschouwburg.
www.klarafestival.be

Avril

Festival international du film fantastique
Frissons dans les salles obscures... Bal des vampires et concours de *body painting* sont au programme de ce festival très couru organisé au Bozar.
www.bifff.net

Art Brussels
Lors du 3e week-end d'avril, Bruxelles expose tout l'art contemporain ; un événement phare auquel participent 150 galeries internationales triées sur le volet.
www.artbrussels.be

Balkan Trafik Festival
Un beau voyage de quatre jours dans les Balkans : musique, cinéma, gastronomie...
www.balkantrafik.com

Mai

Les Nuits du Botanique
Un festival éclectique qui vibre sur les dernières tendances pop, rock, hip-hop, électro et world music dans les anciennes serres du Jardin botanique et dans d'autres lieux de la ville pendant dix jours.
www.botanique.be

Kunsten Festival des Arts
Durant trois semaines, il porte à l'affiche des œuvres scéniques et plastiques d'artistes belges et étrangers.
www.kfda.be

Concours musical international reine Élisabeth
Ce prestigieux concours aborde le chant (2018) et le violon (2019), après le violoncelle (2017), lors d'épreuves au palais des Beaux-Arts.
www.cmireb.be

Zinneke Parade
Un défilé coloré et multiculturel dans le centre-ville tous les deux ans. Prochaine édition en 2018.
www.zinneke.org

Brussels Jazz Marathon
Le 3e week-end : 3 jours de folie, plus de 160 concerts jazz, latino, blues ou funk dans les cafés, clubs, bars et podiums du centre-ville.
www.brusselsjazzmarathon.be

Juin

Foire des arts non européens Bruneaf
Début juin, c'est le rendez-vous des passionnés des arts ethnographiques chez les antiquaires du Sablon.
www.bruneaf.com

Juillet

Bruxelles les Bains
De début juillet à mi-août, les abords du canal se transforment en une plage bordée de bars exotiques.
www.bruxelleslesbains.be

Foire du Midi
En juillet et août, une gigantesque kermesse traditionnelle comprenant plus de 130 attractions pour grands et petits.
www.bruxelles.be

Festival Couleur Café
Au début du mois, un florilège de concerts de world music et d'expositions métissées dans le beau cadre de Tour & Taxis.
www.couleurcafe.be

Ommegang
Premiers mardi et jeudi : la grande procession en l'honneur de la Joyeuse Entrée de Charles Quint (plus de 1 000 figurants !) s'achève par un spectacle costumé sur la Grand-Place.
www.ommegang.be

Brosella Folk & Jazz
Le 2ᵉ week-end, un jour de folk et un jour de jazz au Théâtre de Verdure.
www.brosella.be/fr

Fête nationale
Le matin du 21, le roi passe les troupes en revue devant le palais, tandis que la fête populaire se termine par un feu d'artifice.

Août

Brussels Summer Festival
Dix jours de musique en tout genre dans une ambiance multiculturelle et populaire au mont des Arts.
www.bsf.be

Meyboom
Le 9, un cortège de géants et de joyeux lurons de la confrérie de Saint-Laurent commémore la victoire de Bruxelles sur Louvain en allant planter un arbre. La plus ancienne tradition folklorique.
www.meyboom.be

Tapis de fleurs
Le week-end du 15 août des années paires, la Grand-Place se pare d'un gigantesque et éphémère tapis floral.
www.bruxelles.be

Septembre

Belgian Beer Weekend
Le 1ᵉʳ week-end, la crème des brasseurs fait goûter les meilleures bières sur la Grand-Place.
www.belgianbrewers.be

Fêtes traditionnelles de l'Îlot sacré
Fêtes traditionnelles du folklore de la commune libre de l'Îlot sacré. Théâtre, défilé, musique.
www.ilotsacre.be

Brussels Design September
Au fil du mois, une série d'événements et d'expositions dans une cinquantaine de lieux sur le design et l'art urbain.
www.designseptember.be

Octobre

Nuit Blanche
La Nuit Blanche parisienne a fait des petits. Le 1ᵉʳ week-end du mois, toute une nuit pour voir la ville avec un autre regard : découvertes de lieux inexplorés, visites culturelles...
http://nuitblanche.brussels

Festival Ars Musica
Le rendez-vous de la musique contemporaine pendant la seconde quinzaine du mois.
www.arsmusica.be

Décembre

Plaisirs d'hiver
Dès le 1ᵉʳ, Sainte-Catherine se transforme en un grand marché de Noël : éclairages féeriques, animations de rue, manèges, patinoire.
www.bruxelles.be

Visites

PAR QUARTIER

Galeries royales Saint-Hubert

À SAVOIR

Rue Gétry

VISITER BRUXELLES

Nous avons découpé la ville en 13 petits quartiers. Chacun d'eux peut être visité à pied et nombre d'entre eux sont proches les uns des autres. Pour vous déplacer entre deux quartiers distants, n'hésitez pas à recourir aux bus et aux trams. S'ils peuvent sembler moins pratiques, ils offrent un maillage bien plus dense que le métro. Les trois modes de transport appartiennent à la STIB **(www.stib-mivb.be).**

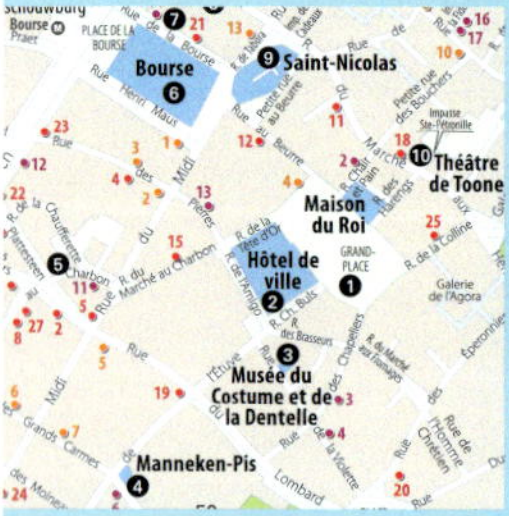

LIRE LES CARTES

Chaque visite est accompagnée d'un plan détaillé sur lequel nous avons placé tous les **points d'intérêt** du quartier. Les **pastilles de couleur** indiquent nos bonnes adresses de **restos,** de **bars** et de **boutiques.** Le numéro de la pastille colorée correspond à celui attribué à chacune des adresses. Reportez-vous au chapitre concerné pour lire la notice de l'établissement.

DO YOU SPEAK ENGLISH ?

Accueil dans les boutiques, menus, explications... Vous pouvez sans problème vous rendre à Bruxelles sans maîtriser l'anglais, mais la langue est de plus en plus présente dans la ville. N'associez pas les enseignes anglophones à des attrape-touristes à éviter ; entre le néerlandais, le français et les langues des fonctionnaires européens, la capitale a juste opté pour un compromis à la belge !

Fête de l'Ommegang sur la Grand-Place

LE BON TIMING

Rien ne vous empêche d'acheter vos billets pour les principaux **musées** avant votre séjour, mais sachez que vous pouvez vous rendre à tout moment dans la plupart d'entre eux sans craindre une longue file d'attente. Soyez plus prévoyant si vous souhaitez visiter les **maisons Art nouveau** : il est souvent nécessaire de prendre rendez-vous ou de se joindre à une **visite guidée** (p. 205). Ne perdez pas de vue que de nombreux musées ferment leurs portes assez tôt (parfois dès 17h) et privilégiez le début de journée (jusqu'à 14h en semaine, 15h le week-end) pour visiter les Marolles, c'est à ce moment-là que le marché aux puces bat son plein !

1 Autour de la Grand-Place, L'ÎLOT SACRÉ

Restos & bistrots p. 101 | Bars & clubs p. 135 | Boutiques p. 161

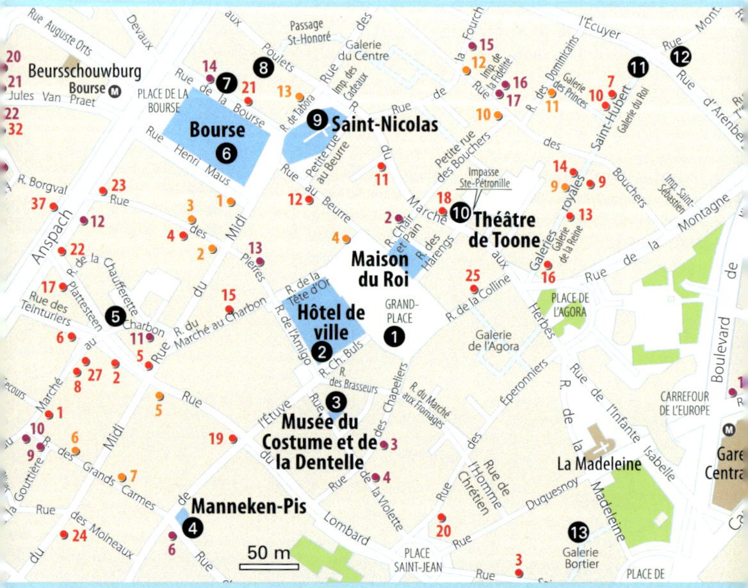

Une place théâtrale, des estaminets, des passages… Le flot de touristes vous mettra immanquablement sur le chemin de la somptueuse Grand-Place. Une fois la surprise passée, aventurez-vous dans les ruelles alentour en évitant toutefois quelques écueils, à savoir les restaurants de la rue des Bouchers et les boutiques de souvenirs sur le chemin du Manneken-Pis. Magasins de luxe, bouquinistes et bistrots sympas, où l'on sert une vraie gueuze, ne sont pas loin !

❶ GRAND-PLACE***

Victor Hugo n'hésita pas à qualifier le monumental ensemble pavé de « plus belle Grand-Place du monde ». Après plusieurs années de rénovation, ses façades montrent à nouveau toute leur splendeur.

Grand-Place

Grand-Place

Classée au patrimoine mondial de l'Unesco, la Grand-Place est bordée d'anciennes maisons de corporation qui affichent tantôt un saint-patron, tantôt des outils et autres symboles de la profession exercée. Incendiée lors de bombardements ordonnés par Louis XIV en 1695, la place fut reconstruite en quatre ans, plus baroque que jamais. Elle mêle la richesse des styles flamand et italien.

Maison du Roi

Le musée de la Ville de Bruxelles (maison du Roi)

Élevé au XVIe s. sous Charles Quint, le bâtiment qui abrite aujourd'hui le musée fut entièrement reconstruit au XIXe s. dans un style néogothique flamboyant. On y découvre objets d'art, tapisseries, retables témoignant de l'histoire de la ville, mais aussi l'impressionnante garde-robe du Manneken-Pis, qui comporte environs 800 pièces.

Grand-Place • ☎ 02 279 43 50 • www.brusselscitymuseum.brussels/fr • T.l.j. 10h-17h ; f. 1er janv., 1er mai, 1er et 11 nov., 25 déc. • Entrée : 8 €.

❷ HÔTEL DE VILLE***

Sa construction débuta en 1402, et il reste le seul témoin d'une architecture gothique originale sur la Grand-Place. Il est remarquable pour sa façade sculptée et sa flèche surmontée de l'archange saint Michel terrassant le dragon. Cette œuvre de Martin Van Rode, haute de 5 m et montée sur pivot pour servir de girouette, fut hissée en 1455 lors de l'achèvement de l'édifice. Plusieurs fois par semaine, des visites guidées permettent de découvrir les salons d'apparat mais aussi d'en apprendre plus sur la Grand-Place.

Grand-Place • ☎ 02 548 04 48 • http://visit.brussels • Visite guidée : mer. 13h, dim. 12h et 14h (résa au 02 513 89 40) • Entrée : 6 €.

Façade de l'hôtel de ville

❸ MUSÉE DU COSTUME ET DE LA DENTELLE**

À quelques pas de l'hôtel de ville, ce charmant musée de trois petits étages présente ses collections à travers des expositions temporaires thématiques autour des costumes, des dentelles anciennes et contemporaines, des broderies et des accessoires. Il expose également le travail d'artistes contemporains dans la Textile Box, sorte de laboratoire de la création actuelle.

12, rue de la Violette • ☎ 02 213 44 50 • www.museeducostumeetdeladentelle.be • Mar.-dim. 10h-17h ; f. 1er janv., 1er mai, 1er nov., 11 nov. et 25 déc. • Entrée : 8 € ; accès libre 1er dim. du mois.

❹ MANNEKEN-PIS***

Voilà une statue dont la petite taille - seulement 55,5 cm - est inversement proportionnelle à la renommée ! Si l'on sait qu'il existait une fontaine à cet emplacement dès le XIVe s. et que la statue actuelle (1619) est l'œuvre de Jérôme Duquesnoy, de nombreux points de l'histoire de ce gamin restent dans l'ombre. Parmi les nombreuses légendes, notons celle qui évoque un garnement urinant sur la mèche d'une bombe qui s'apprêtait à faire exploser l'Hôtel de ville ! Les Bruxellois, eux, aiment plutôt y voir un symbole de leur esprit frondeur.

À l'angle de la rue de l'Étuve et de la rue du Chêne.

Parcours BD, rue du Marché-au-Charbon

❺ PARCOURS BD★★★

C'est sur une façade au croisement de la rue du Marché-au-Charbon et de la rue Plattesteen qu'on trouve la toute première fresque BD de la ville. Consacrée au *Broussaille* de Frank Pé, elle fut inaugurée en juillet 1991 et a été restaurée depuis. Une soixantaine d'autres œuvres sont éparpillées dans la ville, au fil d'un parcours qui ne cesse de s'agrandir. À quelques mètres, au nº 17 de la rue du Marché-au-Charbon, la fresque *Passage* rappelle l'univers de la série *Les Cités obscures* de Schuiten et Peeters, tandis qu'un Ric Hochet est en pleine cascade au nº 9 de la rue du Bon-Secours. Si le centre-ville offre la plus grande concentration de héros, des fresques se sont invitées dans d'autres quartiers.

À l'angle de la rue du Marché-au-Charbon et de la rue Plattesteen • Plan du parcours BD sur www.bruxelles.be (rubrique visites guidées et promenades).

❻ BOURSE★

Construite par Léon Suys (1873) à l'emplacement du couvent des Récollets, elle est l'une des pièces maîtresses du plan d'urbanisme d'Anspach (p. 42). Avec sa façade de temple romain surchargée d'ornements baroques, elle évoque l'opulence d'une jeune nation en pleine croissance. Parmi les sculptures figurent celles du jeune Rodin, qui aurait collaboré aux groupes allégoriques de l'Asie et de l'Afrique. La Bourse abritera dès 2020 le musée national de la Bière.

Place de la Bourse • Fermé pour travaux.

❼ BRUXELLA 1238**

Une fois par mois, il est possible de pénétrer dans les vestiges du couvent franciscain des Récollets, fondé en 1238. Le parcours mêle la découverte du tombeau du duc Jean Ier de Brabant et celle de la Bruxelles médiévale à l'évocation des réalités de l'archéologie urbaine.

Au niveau du 12, rue de la Bourse • ☎ 02 279 43 58 ou ☎ 02 279 43 76 • Vis. 1er mer. du mois à 11h15 • Billetterie et départ : musée de la Ville de Bruxelles (p. 25) • Entrée : 8 €.

❾ ÉGLISE SAINT-NICOLAS**

Avec des maisonnettes accrochées à ses flancs, l'église dédiée au patron des marchands remonte au Moyen Âge, comme en attestent des vestiges du XIIe s. Sur le parvis se tenait autrefois le marché au beurre. Derrière sa façade néogothique datant de... 1956, elle possède de beaux lambris et des stalles Louis XIV. Remarquez, sur le pilier gauche précédant le chœur, une *Vierge à l'Enfant endormi*, œuvre attribuée à un disciple de Rubens, ainsi qu'un boulet fiché dans la pierre, souvenir des tirs de 1695.

Rue au Beurre • ☎ 02 513 80 22 • www.upbxlcentre.be • Lun.-ven. 10h-17h30, sam.-dim. 9h-18h • Accès libre.

❿ THÉÂTRE DE TOONE**

Le Cid, *Les Trois Mousquetaires* ou l'histoire de la révolution belge joués par des marionnettes qui s'expriment en bruxellois, voilà une expérience peu banale qui se reproduit depuis 1830 au théâtre de Toone ! Toone VII, alias José

❽ Pour une pause fraîcheur : Peck 47

Le nom anglais de cette adresse a beau renvoyer au fait de picorer, elle satisfera aussi les gros appétits. Dès le matin, des granolas maison (9 €) donnent de l'énergie pour la journée. À l'heure du déjeuner, ciabattas (9 €), salades (11-13 €) et gaufres salées (13-14 €) prennent le relais. À accompagner d'un jus fraîchement pressé (6 €) ou d'un thé glacé préparé sur place.

47, rue du Marché-aux-Poulets • ☎ 02 513 02 87 • Lun.-ven. 7h30-22h, sam. 9h-22h, dim. 9h-21h.

Galeries royales Saint-Hubert

Géal, et son fils Nicolas, ou Toone VIII, ont comme Woltje, le meneur de jeu, le verbe haut et l'esprit frondeur qui caractérisent le vrai *brusseleir* (p. 30). Et le spectacle continue dans l'estaminet de Toone.

66, rue du Marché-aux-Herbes/impasse Sainte-Pétronille • ☎ 02 511 71 37 ou ☎ 02 513 54 86 • www.toone.be
Représentations : jeu.-ven. à 20h30, sam. à 16h et 20h30 • Entrée : 12 €.
Estaminet : Mar.-jeu. 12h-minuit, ven.-sam. 12h-2h, dim. 12h-22h.

⓫ GALERIES ROYALES SAINT-HUBERT★★★

Le plus élégant passage de la ville est, depuis son inauguration en 1847, un lieu de rendez-vous mondain. Sous la vaste verrière se succèdent de pilastre en pilastre grands appartements, salles de spectacle, magasins de luxe, antiquaires et les deux uniques restaurants dignes de ce nom dans le quartier, l'Ogenblik, galerie des Princes (p. 104) et la Taverne du Passage, galerie de la Reine (p. 104).

Entrées rue du Marché-aux-Herbes, rue des Bouchers, rue de l'Écuyer et rue d'Arenberg • ☎ 02 545 09 90 • www.grsh.be

⓬ Pour une pause apéro : À La Mort Subite

C'est l'une des institutions bruxelloises où l'on déguste une gueuze généreuse appelée « Mort subite ». Les habitués avaient l'habitude de jouer aux dés et d'expédier une dernière manche en un seul coup: la mort subite. Allez-y plutôt pour prendre un verre que pour manger. Si vous connaissez déjà la gueuze classique, goûtez le faro (4,50 €), édulcorée de sucre candi et de caramel. C'est promis, c'est sans risque !

7, rue Montagne-aux-Herbes-Potagères • ☎ 02 513 13 18 • www.alamortsubite.com • Lun.-sam. 11h-1h, dim. 12h-minuit.

⓭ GALERIE BORTIER★★

Bien connu des bibliophiles, cet étroit passage couvert arbore une façade de style baroque flamand, et, à l'intérieur, un décor de grotesques en fonte. Un univers feutré où se croisent collectionneurs et flâneurs à la recherche d'un livre d'occasion.

55, rue de la Madeleine • T.l.j. 9h-18h.

L'esprit bruxellois

De l'humour, le Bruxellois en a à revendre, et c'est sa force. Espiègle et frondeur, il tourne tout en dérision, y compris lui-même. Cela s'appelle la *zwanze*. Il a bien sûr son dialecte, le *brusseleir*, qui absorbe de nombreuses langues. Rien d'étonnant. À force de vivre entre deux peuples, les Wallons et les Flamands, et de s'accommoder de la présence des envahisseurs espagnols, autrichiens, français et hollandais, le Bruxellois a appris à se méfier des mots, des principes et du pouvoir.

LE PREMIER *ZWANZER*

En pleine occupation espagnole, **Bruegel l'Ancien**, habitant des Marolles, est le premier à pratiquer l'art de la *zwanze* par le biais de la peinture. Le *Massacre des innocents* est à première vue une scène biblique anodine, mais elle se déroule dans un village des alentours de Bruxelles et les soldats d'Hérode portent l'uniforme honni des hussards du duc d'Albe. Outre la critique des violences espagnoles, il se fait aussi le porte-parole d'un peuple truculent. On cherche toujours vainement le mari parmi les convives agités dans le Repas de noces.

MARIONNETTES ET MANNEKEN-PIS

Une marionnette qui raconte des *flauwskes* (« niaiseries ») tous les soirs au **théâtre de Toone** (p. 28) et une statue de gamin qui se soulage à un coin de rue, voilà les véritables héros bruxellois, bien plus célèbres que les ducs d'Egmont et de Hornes, auteurs d'un soulèvement contre Philippe II d'Espagne et décapités sur la Grand-Place. Le **Manneken-Pis**, lui, se serait borné à arroser une bombe qui menaçait de faire sauter l'Hôtel de ville. Louis XV ne manqua pas d'esprit en lui offrant un habit brodé pour se faire pardonner l'inconduite des soldats qui l'enlevèrent en 1747.

Théâtre de Toone

UNE VILLE SANS PERSPECTIVES

Vous aurez beau chercher, vous ne trouverez pas une seule perspective à Bruxelles. Le palais royal s'aborde de biais, la grande artère de la rue de la Loi tourne le dos à l'arc du Cinquantenaire, ce que vous découvrez au bout de la fameuse avenue de Tervueren n'est pas le musée d'Afrique centrale mais le petit pavillon des colonies. La cathédrale Saints-Michel-et-Gudule est coincée entre de hauts immeubles modernes, la vue sur la Grand-Place est masquée par une série d'hôtels imitant l'ancien..., bref, Bruxelles a délibérément décidé de ne pas mettre ses monuments en valeur. À vous de chercher l'angle le meilleur pour la photo !

Zinneke-Pis

LE PARLER *BRUSSELEIR*

Le vrai Bruxellois, ou *zinneke* (« bâtard »), est le seul Belge pour qui la **querelle linguistique** n'existe pas. Habitant une ville mal aimée des Flamands, qui ne s'y sentent pas chez eux, et rejetée par les Wallons, qui la qualifient de jacobine, il cause un savoureux **patois**, mélange brouillon de flamand et de français avec des mots piochés dans les différentes langues des occupants, comme *moukère (mujer)*, c'est-à-dire « femme ». C'est surtout dans le quartier encore authentique des Marolles, autour de la place du Jeu-de-Balle, qu'on l'entendra. *Mais qu'est-ce que tu causes bien sur ton français, toi !*

L'ESTAMINET

Avec ses boiseries encaustiquées et ses pompes à bière *blinquantes*, il est le lieu de rendez-vous par excellence (p. 138). C'est là que le Belge ingurgite une bonne partie des 120 litres de bière qu'il consomme annuellement. Mais attention, on ne plaisante pas avec la façon de servir la bière : à chaque bière son verre, et la température doit être optimale ! Et si le patron souhaite le départ d'un raseur, il vient déposer sur sa table un zageman, figurine en tôle d'un scieur en long. *Alleï, santé !*

Célébrités bruxelloises

Découvrez le pendant féminin du Manneken-Pis, la **Jeanneke-Pis**, une statue haute de 50 cm inaugurée en 1987 dans l'impasse de la Fidélité (rue des Bouchers). Les superstitieux jettent des pièces dans la fontaine en souhaitant la fidélité de l'être aimé. Le **Zinneke-Pis**, quant à lui, urine sur une borne de la rue des Chartreux. Son nom renvoie à la fois à la « petite Senne », rappel du fleuve qui coulait autrefois, et au « chien bâtard », en référence à la mixité bruxelloise.

2 Saint-Géry, autour DE LA RUE DANSAERT

Restos & bistrots p. 106 | Bars & clubs p. 140 | Boutiques p. 171

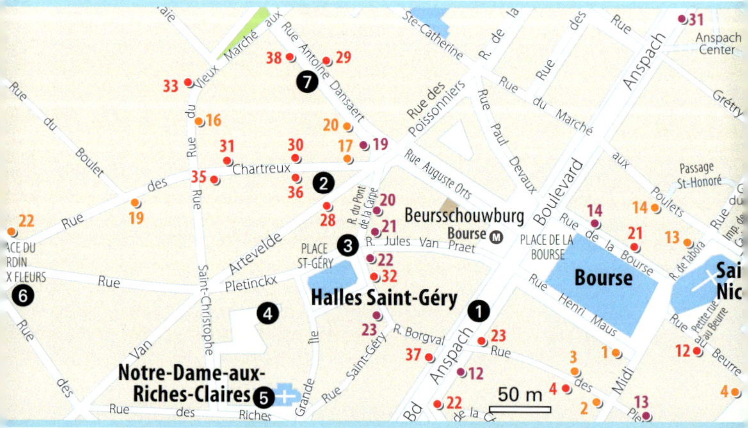

C'est ici que Bruocsella (« la maison dans le marais ») vit le jour en 979. Charles de France fit construire un *castrum* sur ce qui n'était alors qu'une petite île de la Senne envahie d'iris. La fleur sauvage est devenue le symbole de la ville et le quartier est passé de splendeur en désolation avant de connaître un retour de *hype* il y a quelques décennies. Aujourd'hui, la place est en permanence égayée par l'animation de ses cafés aux terrasses polyglottes, tandis que ses pierres continuent de conter les premières heures de Bruxelles.

❶ BOULEVARD ANSPACH*

Ce boulevard, partie de la jonction Nord-Midi, fut construit entre 1868 et 1871 sur le tracé du cours de la Senne, suite au voûtement du cours d'eau. Il comporte de nombreuses façades de caractère notamment aux n° 75-79 (ornements inspirés des colonies) ou aux n° 41-55, où les ensembles témoignent d'une volonté d'« haussmannisation » de la ville.

Place Saint-Géry

Depuis 2015, la partie du boulevard entre la place De Brouckère et la place Anneessens est piétonnière. Le projet controversé cherche encore ses marques, mais il est question de dédier la zone aux familles et à leurs enfants (boutiques de jouets, animations...).

❸ PLACE SAINT-GÉRY**

L'heure de la revanche a enfin sonné pour la place Saint-Géry. Bien sûr, son église enterrée sous la grande halle aux viandes (1881) ne reverra plus le jour, et c'est surtout aux pécheurs

❷ Pour une pause douceur : Am Sweet

Au cœur de ce quartier branché, un salon de thé poétique dont la qualité des produits plaira aux épicuriens. Pour accompagner les tartes sucrées maison ou le petit-déjeuner à base de cramique (pain brioché) et de pain bio, une cinquantaine de thés Mariage Frères. On y trouve aussi les meilleurs chocolats artisanaux belges (Laurent Gerbaud, Olivier Molitor), des pâtisseries à base de spéculoos ou pain d'épices (Maison Dandoy) ou encore des confiseries d'antan (env. 4,60 € la pâtisserie ; assortiment 4 parts à 8,60 €).

4, rue des Chartreux, M° Bourse • ☎ 02 513 51 31 • Mar. 12h-18h30, mer.-ven. 10h30-18h30, sam. 10h30-18h30 • Thé Mariage Frères : 4,20 €/pers., 6,50 €/2 pers.

et pécheresses qu'il doit la sauvegarde des bâtiments anciens qui bordent la place, mais qu'importe ! Si vous voulez en apprendre plus sur le passé du quartier, pénétrez dans les **halles Saint-Géry** (t.l.j. 10h-18h) qui abritent expositions et documents historiques.

❹ ÎLOT SAINT-GÉRY**

Restauré, cet îlot bien dissimulé abrite les anciennes boulangerie et brasserie qui appartenaient aux sœurs clarisses. Au fond à gauche, l'on peut apercevoir la reconstitution d'un bras de la Senne, la rivière qui irrigua le centre de Bruxelles jusqu'au XIXe s. Les sœurs ne furent pas les seules à tirer parti de cet approvisionnement en eau pour faire fructifier l'activité brassicole. De nombreux estaminets brassant leurs propres breuvages naquirent dans le centre grâce à la présence des ramifications du cours d'eau.

Entrée au 21-23, place Saint-Géry.

❺ NOTRE-DAME AUX RICHES-CLAIRES*

Bel exemple de la Renaissance flamande (1665), l'église des Clarisses se caractérise par de curieux pignons à volutes surmontant les rondes extrémités du transept et du chœur. À la suite d'un incendie en 1989, des travaux de restauration

Notre-Dame aux Riches-Claires

ont mis au jour des vestiges d'habitat de l'époque romaine.

23, rue des Riches-Claires • ☎ 02 213 00 65 • www.catho-bruxelles.be • T.l.j. 8h30-17h • Accès libre.

❻ VANHAERENTS ART COLLECTION*

La famille Vanhaerents a choisi d'exposer sa collection privée dans un vaste bâtiment industriel datant de 1926. Au cœur des 3 500 m^{2} au charme brut s'expose la création contemporaine des années 1970 à nos jours. Parmi les artistes, citons Bill Viola, Bruce Nauman, Cindy Sherman, Andy Warhol, Sherrie Levine ou encore Takashi Murakami. Les jeunes pousses côtoient les références internationales avec une belle représentation d'artistes peu exposés dans les musées du royaume. Les expositions thématiques sont régulièrement enrichies par des prêts.

29, rue Annessens • ☎ 02 511 50 77 • www.vanhaerentsartcollection.com • 1er sam. du mois 14h-17h, résa obligatoire sur le site Internet • Entrée : 10 €.

❼ RUE DANSAERT**

À partir des années 1990, l'avant-garde de la mode belge installe ses boutiques au look minimaliste dans cette jolie rue bordée de maisons du XVIIIe s. et d'immeubles bourgeois de style haussmannien. Ce quartier populaire est rapidement devenu le nouveau repaire d'une faune branchée, à la recherche de nouveautés et de bars à la mode. Aujourd'hui, des enseignes plus grand public ont suivi les précurseurs, mais l'esprit mode flotte toujours. Pour les modeuses en quête de pièces de jeunes créateurs, un détour s'impose par la rue de Flandre, qui lui est parallèle.

Rue Dansaert

Bruxelles l'artiste

Si les musées royaux des Beaux-Arts peinent encore à leur offrir une place digne de ce nom, l'art moderne et l'art contemporain ont trouvé d'autres alliés en ville. Galeries innovantes, collections privées, musées d'avant-garde... Bruxelles est devenue une destination de choix pour les amateurs d'art des XXe et XXIe s. qui s'exposent jusque dans les couloirs du métro !

QUAND L'USINE DEVIENT MUSÉE

L'art contemporain se découvre dans les anciennes brasseries Wielemans-Ceuppens, un bâtiment gigantesque conçu en 1930 dans un style industriel moderniste par Adrien Blomme. Installé ici après une rénovation des lieux, **WIELS** (354, avenue Van Volxem, A4, trams n° 82 et 97 ; ☎ 02 340 00 53 ; www.wiels.org ; mar.-dim. 11h-18h, 11h-21h 1er et 3e mer. du mois ; entrée : 12 €, 5 € 1er mer. du mois) se définit comme un laboratoire international pour la création et la diffusion de l'art contemporain. Il organise plusieurs expositions temporaires d'artistes émergents ou déjà reconnus sur les scènes belge et internationale. Les cuves originales de brasserie sont restées et l'on peut ici facilement s'enivrer d'art... Deux autres reconversions de bâtiment industriel en lieu de création artistique sont à mentionner : la **Centrale for Contemporary Art** place Sainte-Catherine (p. 39), qui occupe le bâtiment d'une centrale électrique abandonnée et l'ancienne brasserie Belle-Vue devenue le **MIMA,** le musée d'Art urbain et digital (p. 41).

Installation de MOMO au MIMA

MAILLAGE DE GALERIES

La ville regorge également de galeries et de collections privées comme la méconnue **Vanhaerents Art Collection** (p. 34). La commune d'Ixelles est particulièrement bien dotée avec la magnifique structure industrielle de la **Patinoire royale** (p. 73), ou encore la **Galerie Puls** (p. 75). Même la boutique **Hermès** (50, boulevard de Waterloo, M° Louise ; www.fondationdentreprisehermes.org ; lun.-sam. 11h-18h ; accès libre) cache une étonnante galerie nommée La Verrière en raison de son architecture.

Installation d'œuvres d'art à la station de métro Comte de Flandre

LE NEUVIÈME ART

La capitale de la BD expose aussi les bédéistes, qui constituent un pan remarquable de la création contemporaine, dans des galeries comme **Huberty & Breyne** (p. 60). Pour connaître l'agenda des expositions et vernissages et découvrir une carte des galeries d'art contemporain de la ville, rendez-vous sur **https://neca.brussels.**

TICKET D'ART

La ville de Bruxelles a pris une initiative louable en passant commande à quelques artistes belges établis et renommés pour décorer le métro inauguré en 1976. Aujourd'hui près de 80 œuvres d'art ornent quais et couloirs. Afin d'en avoir un aperçu pour le prix d'un ticket de métro, entrez à la station **Bourse** (H7) pour admirer *Nos Vieux Trams bruxellois* (1978), une œuvre de Paul Delvaux qui vous plongera dans une ambiance nostalgique avec ses personnages en habit d'époque et ses vieux trams. Autre création, dans la même station, la sculpture *Moving Ceiling* (1976) de l'artiste abstrait Pol Bury. Poursuivez jusqu'à **Anneessens** (G8) pour découvrir *Casting* (2007) de Vincen Beeckman, une mosaïque photographique mettant en scène les habitants du quartier. À la station **Lemonnier** (B3), posez vos mains à côté des *Mains de l'espoir* (1999) de Boubeker Hamsi, 87 empreintes symbolisant le désir de paix mondiale. Un arrêt plus loin, **Porte de Hal** (B3), c'est un tram qui sort du mur sous le crayon de François Schuiten dans une œuvre intitulée *Le Passage inconnu* (1993). Le célèbre dessinateur des *Cités obscures* a aussi conçu la station de métro Arts-et-Métiers à Paris. Enfin, rendez-vous à la station **Demey** sur la ligne 5 (HP par F5) où Bob Verschueren (1945) a installé ses *Miniatures végétales* (2012) et Michel Dusariez accompagne les voyageurs avec ses grandes photographies *People in Motion* (2012). Les adeptes du mouvement Cobra pousseront jusqu'à la station **Delta** (F5) pour découvrir l'œuvre de Pierre Alechinsky et Christian Dotremont, *Sept Écritures*. Le guide *L'art à Bruxelles passe aussi par le métro* est en vente (5 €) aux points infos de Visit Brussels (p. 205) et téléchargeable gratuitement sur www.stib-mivb.be, rubrique « La vie en ville ».

3 Sainte-Catherine, AUTOUR DES QUAIS

Restos & bistrots p. 109 | Bars & clubs p. 142 | Boutiques p. 175

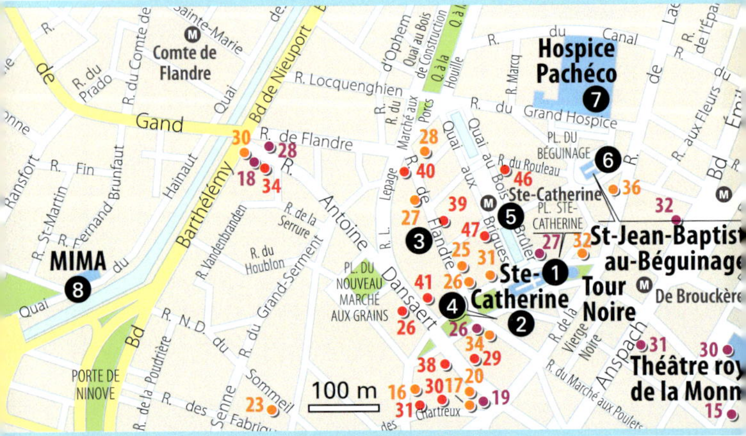

Le port fluvial est comblé depuis des décennies et les halles aux poissons ont été rasées, mais les commerces des produits de la mer continuent d'animer le quartier riche en restaurants et poissonniers. L'endroit est particulièrement agréable aux beaux jours, quand les terrasses investissent le pavé et que s'y improvisent concerts et soirées. Une brise chargée de concept stores et de repaires bistronomiques souffle désormais jusqu'au canal tout proche.

❶ PLACE SAINTE-CATHERINE*

De belles façades à pignon entourent un large parvis arboré et une église datant de 1874. Cette dernière mêle éléments antiques, gothiques, Renaissance et baroques dans un style éclectique chéri par l'architecte Poelaert. Arrêtez-vous au comptoir de la Mer du Nord (p. 40) le temps d'une pause-dégustation de *caricoles* (« bulots ») ou de moules que l'on mange *parquées* (« crues »)

Place Sainte-Catherine

avec du pain beurré. Continuez jusqu'à l'étonnante Tour Noire, ce vestige de la première enceinte (XIIIe s.) est aujourd'hui enchâssé dans un bâtiment moderne.

❷ CENTRALE FOR CONTEMPORARY ART**

Percé de grandes baies métalliques, le bâtiment de cette ancienne centrale de la fin du XIXe s. ne produit plus que de l'énergie... culturelle ! Converti en centre d'art contemporain européen, il accueille des artistes belges et internationaux au cours d'expositions temporaires et de manifestations axées sur l'expression artistique multidisciplinaire.

44, place Sainte-Catherine (à l'angle de la rue Melsens) • ☎ 02 279 64 52 • www.centrale.brussels • Mer.-dim. 10h30-18h sf j.f. • Entrée : 8 €.

❸ LA BELLONE***

De la rue, nul ne peut soupçonner le petit joyau baroque. Au bout d'un couloir sans intérêt, on

La Bellone

❹ Pour une pause fruits de mer : La Mer du Nord

Institution bruxelloise pour déguster des huîtres accompagnées d'un verre de blanc (3,50 €), debout au comptoir, à même le trottoir. L'adresse jouxte la poissonnerie du même nom, garantissant fraîcheur et diversité.

45, rue Sainte-Catherine, M° Sainte-Catherine • ☎ 02 513 11 92 • www.vishandelnoordzee.be • mar.-sam. 11h-18h, dim. 11h-18h.

découvre, sous une immense verrière, la splendide façade d'une maison patricienne de 1697, dédiée à la Bellone, déesse de la Guerre. Devenue en 1980 Maison du spectacle, elle est un lieu incontournable de rencontres au service des professionnels et des amateurs qui désirent se former, travailler, et approfondir leurs connaissances des arts scéniques. Elle porte une attention particulière aux artistes émergents et aux créateurs, dans une perspective pluridisciplinaire, ainsi qu'à tous les publics via des événements novateurs.

46, rue de Flandre • ☎ 02 513 33 33 • www.bellone.be • Lun.-mar. 9h-17h, mer.-ven. 9h-19h, sam. 12h-19h • Accès libre.

Quai aux Briques

❺ VIEUX MARCHÉ AUX POISSONS*

Appelé aussi « Vismet », l'ensemble de bassins est la mémoire du port fluvial déserté au XIXe s. La halle aux poissons (1883), magnifique assemblage de fonte et de verre, a été démolie en 1955 après une aberrante décision des pouvoirs publics. Le marché aux poissons (4h-13h) se tient désormais dans les hangars des grossistes le long des anciens quais. Remarquez les belles maisons à pignon, en particulier Le Cheval Marin (à l'angle du quai aux Briques et de la rue du Marché-aux-Porcs).

Quai au Bois-à-Brûler et quai aux Briques.

❻ SAINT-JEAN-BAPTISTE-AU-BÉGUINAGE***

L'église de 1676, un fleuron du baroque flamand, et ses ruelles disposées en étoile forment une petite oasis de tranquillité, l'un de ces endroits magiques où le temps semble s'être arrêté. À l'intérieur, on découvre des toiles de Theodoor van Loon (1581-1649), un héritier artistique du Caravage, des confessionnaux gardés par des anges, et la surprenante chaire de vérité (du XVIIIe s.) consacrée à saint Dominique représenté en vainqueur des Cathares.

Place du Béguinage • ☎ 02 217 87 42 • Mar.-dim. 10h-17h • Accès libre.

❼ HOSPICE PACHÉCO**

À l'arrière de l'église, les jardins du Béguinage ont fait place à un bel ensemble néoclassique signé Henri Partoes (1827). L'hospice, toujours en activité, est organisé autour de deux cours à arcades. Sur simple demande à l'entrée, vous pourrez visiter la première cour.

7, rue du Grand-Hospice • ☎ 02 226 42 11 • Accès libre.

MIMA

❽ MIMA**

Acronyme de Millennium Iconoclast Museum of Art, le MIMA entend ouvrir le plus large public possible à l'art du XXIe s. Ce projet unique en Europe a pris ses quartiers dans les anciens bâtiments de la brasserie Belle-Vue, en bord de canal. Musique, street art, installations vidéo, design, illustration, photographie, sculpture, œuvres numériques... l'espace de 1400 m² est dédié à la création contemporaine dans toute sa diversité.

41, quai du Hainaut • ☎ 0472 610 351 (mob.) • www.mimamuseum.eu • Mer.-dim. 10h-18h • Entrée : 9,50 €.

4 De Brouckère, VERS LE CBBD

Restos & bistrots p. 112 | Bars & clubs p. 143

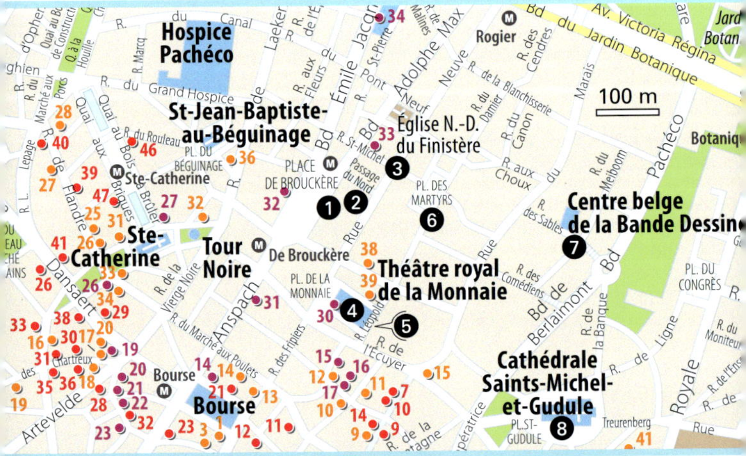

Le bourgmestre (maire) Anspach (1863-1879) rêvait de boulevards à la parisienne : il enterra la Senne, expropria à tour de bras et transforma un quartier populaire en une artère prestigieuse où la bonne société aimait à se donner rendez-vous. Si la place, coincée entre des enseignes criardes et un projet piétonnier qui peine un peu à décoller, a perdu de sa superbe, elle séduit encore par le charme suranné de ses maisons de maître.

❶ PLACE DE BROUCKÈRE*

Cafés de luxe, brasseries, palaces - le Métropole et l'Atlanta -, salles de spectacle et le premier cinéma de Bruxelles, l'Eldorado, voilà les ingrédients qui faisaient de la place de Brouckère l'un des lieux les plus courus de la ville. En 1967, l'édification de deux tours « à l'américaine », dont la célèbre tour Philips, a rompu ce bel équilibre, laissant la porte ouverte à l'installation anarchique de commerces bon marché.

❷ PASSAGE DU NORD*

Avant de pénétrer dans cette célèbre galerie, jetez un œil à l'étroite façade voisine. Bâtie en 1874 dans un style néo-Renaissance flamande qui rappelle les maisons des corporations de la Grand-Place, elle porte l'inscription *Hier is't in den kater en de kat* (« Ici il y a le matou et la chatte ») qui lui donne son nom, la Maison aux Chats. Le passage du Nord (1882), connu pour ses huit cariatides (1881) célébrant les divinités modernes (commerce, industrie textile, marine, astronomie, architecture, sculpture, peinture et industrie métallurgique), offre le charme de ses boutiques à l'ancienne.

1, boulevard Adolphe-Max • ☎ 02 218 50 68 • www.passagedunord.be.

❸ RUE NEUVE*

C'est l'artère piétonne et commerçante la plus fréquentée, en particulier le samedi quand une douce odeur de gaufres l'envahit. Si la rue aligne des enseignes internationales, dont Primark (n° 13-15), elle recèle aussi quelques marques inconnues en France, à l'image du chausseur Sacha (n° 123) aux créations originales à prix raisonnables. Le Mediamarkt, au sommet du centre City 2, s'est spécialisé dans les CD, DVD et le multimédia à bas prix (n° 111).

❹ THÉÂTRE ROYAL DE LA MONNAIE**

Première scène lyrique de Belgique, elle accueillit les créations de Béjart et de son « Ballet du XXe s. » de 1960 à 1989. Fondé en 1700, l'opéra est assez hétéroclite : façade de l'ère napoléonienne, grande salle (rénovée en 2016) et loge royale néobaroques dues à Joseph Poelaert, vestibule décoré par deux artistes conceptuels américains, Sol LeWitt et Sam Francis.

Place de la Monnaie • ☎ 02 229 12 11 • www.lamonnaie.be • Sept.-juin : vis. guidée 1ers sam. du mois à 12h • Entrée : 12 €.

Théâtre royal de la Monnaie

❺ Pour une pause flamande : Muntpunt Grand Café

Créée à l'initiative de la Communauté flamande, la Maison de la communication accueille une bibliothèque, un centre d'information sur la vie à Bruxelles ainsi qu'un agréable café, le Muntpunt. Caché derrière La Monnaie, il propose une petite restauration de qualité avec des tartines (à partir de 5,50 €), des soupes et des plats (env. 12 €) renouvelés chaque jour. La terrasse, en retrait de la circulation, est très agréable aux beaux jours.

2, rue Léopold • ☎ 02 218 39 18 • www.muntpunt.be • Lun.-jeu. 9h-21h, ven. 9h-minuit, sam. 10h-minuit.

❻ PLACE DES MARTYRS**

Inspirée des places royales françaises, la place des Martyrs affiche un sobre néo-classicisme. Symbole de la révolution de 1830, le monument érigé en son centre représente le lion belge couché sur les chaînes brisées de l'esclavage et surmonté d'une figure évoquant la Liberté. La place est un bon exemple de la mode du « façadisme » qui toucha Bruxelles, une technique de rénovation consistant à conserver exclusivement la façade des bâtiments remarquables pour reconstruire du neuf derrière.

❼ CENTRE BELGE DE LA BANDE DESSINÉE***

Les collections

Le CBBD met en valeur sa collection grâce à une muséographie moderne. Le parcours s'articule autour de plusieurs grands axes. En entame, c'est la naissance de la bande dessinée qui est mise en scène entre peintures rupestres, lit du jeune Nemo et estampes japonaises. La portion L'Art de la BD s'attelle à mettre en avant l'œuvre des auteurs grâce à un décorticage des techniques de création. Le Salon de la BD belge se consacre aux héros comme Tintin, Spirou, les Stroumpfs ou Lucky Luke. On les suit depuis leur création pour le papier, à la transposition de leurs aventures à l'écran ou dans les jeux vidéos. Enfin, les enfants du pays sont célébrés au travers d'un espace Hergé (en partenariat avec le musée de Louvain-la-Neuve, p. 46), un espace Peyo et un auditorium Pieter de Poortere.

Le bâtiment

La dernière partie du parcours retrace l'histoire du lieu. C'est en effet dans les anciens Magasins Waucquez que le CBBD s'installa

en 1984. Ce superbe bâtiment Art nouveau fut dessiné par Horta au début du XXe s. pour accueillir un magasin d'étoffes. Documents d'archives, photographies et textes explicatifs répondent aux vitraux, à la ferronnerie aux courbes végétales et au majestueux escalier central.

Mais aussi...

Le musée présente plusieurs fois par an des expositions temporaires d'envergure se focalisant sur l'œuvre d'un auteur ou sur un thème transversal (p. 5). La bibliothèque dévoile une mine de raretés au passionné qui prendra la peine de s'y attarder. La **librairie Slumberland** propose quant à elle une belle sélection d'albums et de produits dérivés.

20, rue des Sables • ☎ 02 219 19 80 • www.cbbd.be • T.l.j. 10h-18h sf 1er janv. et 25 déc. • Entrée : 10 €.

Bibliothèque : mar.-sam. 10h-18h • Accès réservé aux 16 ans et plus • Entrée : 1,50 €.
Salle de lecture BD : t.l.j. 10h-18h • Accès pour tous.
Librairie Slumberland : rez-de-chaussée • Accès libre.

8 CATHÉDRALE SAINTS-MICHEL-ET-GUDULE*

La majestueuse église, construite entre le XIIIe et l'aube du XVIe s., était dédiée à sainte Gudule. Elle fut érigée au rang de cathédrale en 1961 et se vit confier le culte de saint Michel. En façade, les codes du gothique français dominent, à l'exception d'une grande verrière brabançonne à la place de la traditionnelle rosace. À l'intérieur de la nef, c'est le gothique du Brabant qui s'exprime avec les typiques chapiteaux à feuilles de choux. Un dallage plus clair permet d'appréhender le tracé d'un précédent édifice du XIIe s. dont les vestiges peuvent être visités. De mai à octobre, un guide organise une visite détaillée de la cathédrale et des tours.

Place Sainte-Gudule • ☎ 02 217 83 45 • www.cathedralisbruxellensis.be • Lun.-ven. 7h-18h, sam. 8h-15h30, dim. 14h-18h • Vis. guidée cathédrale et tours mai-oct. sam. à 10h (2 h 30) ; résa : ☎ 0476 661 567 (mob.) • Entrée : crypte romane 3 € ; fouilles archéologiques 1 € ; trésor 2 € ; billet combiné (fouilles + crypte + trésor : 6 €) ; vis. guidée 10 € • Accès libre à la cathédrale.

Bruxelles et la BD

Patrie de Tintin, Spirou, Gaston Lagaffe, Fantasio, Alix, le Chat et autres héros, la Belgique demeure un des hauts lieux de la bande dessinée, même si elle a perdu un peu de son dynamisme créatif. Elle produit quarante millions d'albums de BD par an, dont onze millions sont écoulés en Belgique. Sa capitale célèbre le neuvième art dans ses librairies spécialisées, au centre belge de la Bande Dessinée (p. 44) et sur ses murs au fil d'un parcours de fresques BD (p. 27).

DES IMAGES QUI PARLENT

Dans un pays où coexistent deux langues et deux cultures, le langage visuel a un impact plus profond sur la population, qui désire malgré tout communiquer. Dans les années 1950, la Belgique était, exception faite des États-Unis, le pays qui comptait le plus de salles de cinéma. Cette attirance pour le langage imagé et les arts visuels explique sans doute la raison pour laquelle la Belgique est devenue le **creuset de la bande dessinée.**

HERGÉ, LE PIONNIER

Le 10 janvier 1929 paraît la première enquête de **Tintin,** reporter au *Petit Vingtième*, supplément d'un quotidien bruxellois. Le succès est tel qu'Hergé publie en 1930 l'histoire complète des *Aventures de Tintin au pays des Soviets* sous la forme d'un album. Faire de la BD un livre à part entière, avec reliure toilée et couverture cartonnée, qu'on peut relire régu-

Le musée Hergé

Les amateurs trouveront un lieu dédié à Tintin et son auteur à 30 km de la capitale. La collection de planches originales, les documents d'archives et les produits dérivés sont exposés dans un bâtiment de Christian de Portzamparc. Des excursions sont organisées par Brussels City Tours (www.brussels-city-tours.com) au départ de votre hôtel (durée : 4 h ; 20 € pour la navette et la visite). Vous pouvez aussi facilement vous y rendre en train car le musée se situe juste à côté de la gare de Louvain-la-Neuve (trajet : 1 h ; billet A/R : 11 € env.).

26, rue du Labrador, Louvain-la-Neuve • ☎ 010 488 421 • www.museeherge.com • Mar.-ven. 10h30-17h30, sam.-dim. 10h-18h • Entrée : 9,50 €.

lièrement, sera une des caractéristiques de la production belge.

Le capitaine Haddock et Tintin au centre belge de la BD

LE CULTE DU HÉROS

Tintin est un personnage flou et vaguement asexué que l'on peut intégrer dans les milieux les plus variés sans que son image soit ternie. Colonialiste en 1930, il prend le parti des guérilleros en 1975. Les personnages des nouvelles BD délaissent volontiers leur rôle de héros pour celui d'un être plus humain, plus vulnérable, auquel le lecteur peut facilement s'identifier.

ÉCOLES DE BRUXELLES ET DE MARCINELLE

Dans les années 1950, la BD belge se polarise autour des **éditions du Lombard** à Bruxelles avec le journal *Tintin* et autour de la maison **Dupuis** à Marcinelle, qui a lancé en 1938 l'hebdomadaire *Spirou*. Deux pôles, mais aussi deux écoles : tandis qu'Hergé impose à ses collaborateurs (Jacobs, Martin, De Moor, Tibet) ce qu'on va appeler la « ligne claire » - la mauvaise qualité du papier du *Petit Vingtième* n'autorisant pas d'autres styles -, les dessinateurs de *Spirou* réunis autour de Jijé - Franquin, Peyo, Morris, Roba - sont laissés libres d'affirmer leur trait.

LE SECOND SOUFFLE

En 1959 naît la revue française *Pilote*, dirigée par **Goscinny**. Dès l'origine, elle vise un public d'adolescents pour évoluer peu à peu avec l'âge du lectorat. Le mouvement de maturation ira en s'amplifiant. **Casterman**, à Tournai, publie le premier numéro du mensuel *À suivre* en 1978. Accueillant dans ses pages les plus grands auteurs de BD du monde entier, dont les dessinateurs belges, il est devenu la vitrine de la diversité de la BD contemporaine.

AU HIT-PARADE

« Pour les jeunes de 7 à 77 ans », le slogan lancé par le journal *Tintin* est plus que jamais d'actualité, car la BD a vieilli avec son public, offrant aujourd'hui une gamme de titres qui touche un vaste lectorat. Mais si la BD pour adulte occupe un secteur important des magasins spécialisés, ce sont toujours *Lucky Luke* et *Bob et Bobette* qui font les plus gros tirages.

5 Le mont des Arts, VERS LE PALAIS ROYAL

Bars & clubs p. 145 | Boutiques p. 177

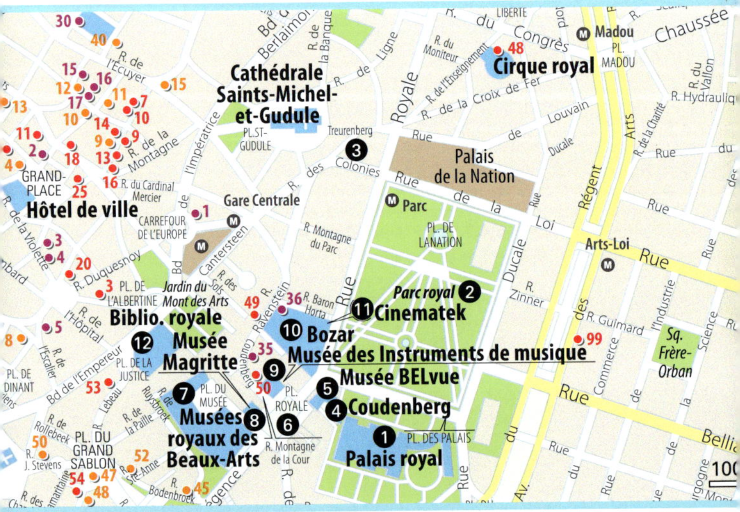

À mi-parcours entre la ville haute et la ville basse, le Coudenberg est depuis le XIe siècle le lieu de résidence des princes. Vous pourrez faire le plein de culture dans l'un des musées royaux des Beaux-Arts, apercevoir le roi se rendant au palais, faire un jogging dans le parc, assister à un concert au Bozar ou profiter de la superbe vue sur la Grand-Place depuis le jardin du mont des Arts.

❶ PALAIS ROYAL★★★

La façade Louis XVI, aménagée sous Léopold II, camoufle un assemblage de deux hôtels de maître construits au XVIIIe s. Si la résidence royale se situe à Laeken, c'est dans ce palais du centre-ville que le roi travaille et reçoit ses invités. Les salles d'apparat, d'un faste ancien, contrastent avec les œuvres

Jardin du Mont des Arts

d'art contemporain créées par des artistes belges. Vous pourrez par exemple découvrir, dans le salon des Glaces, le *Heaven of Delight*, un lustre recouvert de scarabées signé Jan Fabre.

Place des Palais • ☎ 02 513 89 40 • www.monarchie.be • 22 juil.-3 sept. mar.-dim. 10h30-16h30 (dernière entrée à 15h45) • Accès libre.

❷ PARC ROYAL*

Ancienne réserve de chasse des ducs de Brabant, ce parc à la française de 13 ha se caractérise par un tracé géométrique renvoyant à des symboles maçonniques. Arrivez-vous à visualiser le compas formé par le bassin et les deux allées en diagonales ? Avec ses kiosques, fontaines et joggers, le parc

❸ Pour une pause santé : Moon Food

Seuls les aliments bios et vegan pénètrent dans ce cadre d'inspiration scandinave. Bienfaits du cru et de la basse température, super-aliments... Le patron des lieux a écouté les conseils de la diététicienne des stars hollywoodiennes, Annie Padden Jubb.

58, rue des Colonies • ☎ 02 303 43 32 • Lun.-ven. 12h-20h.

Place Royale

royal accueille de nombreux événements et festivals.

❹ COUDENBERG★★

Détruit par un violent incendie en 1731, l'ancien palais des ducs de Brabant et de Bourgogne, où vécurent entre autres Philippe le Bon et Charles Quint, fut mis au jour entre 1995 et 2000. Par un passage aménagé sous la place Royale, on traverse un dédale de rues, de vestiges de palais et d'une chapelle gothique pour gagner l'Aula Magna, grande salle d'apparat des ducs de Bourgogne. Un petit musée expose les plus beaux objets découverts lors des campagnes de fouille.

7, place des Palais (entrée par le musée BELvue, voir ci-dessous) • ☎ 02 500 45 54 • www.coudenberg.brussels • Sept.-juin : mar.-ven. 9h30-17h, sam.-dim. 10h-18h ; juil.-août : t.l.j. 10h-18h ; f. 1er janv. et 25 déc. • Entrée : 7 € ; billet jumelé avec le musée BELvue : 12 €.

❺ MUSÉE BELVUE★★★

Construit à la fin du XVIIIe s. sur les ruines de l'ancien château des ducs de Brabant, ce bel hôtel particulier hébergea les hôtes de marque de la famille royale. Rattaché à l'actuel palais royal au XIXe s., il fut aménagé en luxueuse résidence pour la princesse Clémentine et le futur roi Léopold III et sert aujourd'hui de musée. En 2016, l'institution a entièrement revu sa muséologie. Particularité : les équipes scientifiques ont été assistées par une vingtaine de jeunes de 18 à 25 ans. De leur réflexion est née une présentation moderne de l'histoire de la Belgique, organisée par thème et faisant une belle place à la création actuelle.

7, place des Palais • ☎ 02 500 45 54 • www.belvue.be • Sept.-juin : mar.-ven. 9h30-17h, sam.-dim. 10h-18h ; juil.-août : t.l.j. 10h-18h • Entrée : 7 € ; billet jumelé avec le Coudenberg : 12 €.

❻ PLACE ROYALE**

Cette élégante place néoclassique, où caracole Godefroy de Bouillon, fut érigée entre 1775 et 1782. Elle compte huit pavillons, reliés par des arcades. Franchissez l'arcade à gauche du musée Magritte pour découvrir le quartier de la Cour et le beau palais de Charles de Lorraine. Il accueille aujourd'hui le musée du XVIIIe s.

Musée du XVIIIe s. • ☎ 02 519 53 72 • 1er sam. du mois 10h-17h (sf juil.-août) • Entrée : 3 €.

❼ MUSÉES ROYAUX DES BEAUX-ARTS***

Composés de six entités, les musées royaux des Beaux-Arts offrent un vaste panorama de la peinture, de la sculpture et du dessin en Belgique depuis le Moyen Âge jusqu'au XXIe s. L'entrée principale de cet ensemble labyrinthique se fait rue de la Régence par un imposant portique agrémenté de colonnes corinthiennes.

Musée Old Masters

Créé par Bonaparte en 1801, il révèle d'admirables peintures et sculptures de la fin du XIVe s. au XIXe s. Les écoles du Nord sont particulièrement bien représentées avec des œuvres majeures de Bruegel l'Ancien, Rubens, Van der Weyden, Memling, Bosch, Jordaens, Van Dyck... L'Allemagne, l'Italie et la France figurent aussi en bonne place, notamment avec le célèbre *La Mort de Marat* (1793) de David.

Musée Old Masters

Musée Fin de siècle

Le musée présente jusqu'en 2020 une exposition innovante et interactive sur Bruegel qui permet de s'immerger virtuellement dans les œuvres de l'artiste.

Musée Fin de siècle

Il propose sur trois étages un voyage dans l'art de vivre bruxellois entre 1868 et 1914, en replaçant les œuvres (peintures, arts décoratifs, musique, littérature, architecture…) dans leur cadre historique. Réalisme, pleinairisme, réalisme social, impressionnisme ou néo-impressionnisme… des Nabis à James Ensor en passant par Fernand Khnopff, aucun grand courant de l'époque n'est négligé. Des reconstitutions en 3D de bâtiments Art nouveau complètent une scénographie dynamique.

Musée d'Art moderne

Faute d'espace, cette partie est actuellement réduite à sa plus simple expression : une aile nommée « Choix des conservateurs » fait tourner les œuvres du fonds lors d'expositions temporaires.

3, rue de la Régence • ☎ 02 508 32 11 • www.fine-arts-museum.be • Mar.-ven. 10h-17h, sam.-dim. 11h-18h ; f. 1er janv., 2e jeu. de janv., 1er mai, 1er nov., 11 nov. et 25 déc. • Entrée : 8 € ; billet unique donnant aussi accès au musée Magritte : 13 € ; accès libre le 1er mer. du mois 13h-17h.

8 MUSÉE MAGRITTE★★★

Ce vaste espace installé dans l'élégant hôtel Altenloh est entièrement consacré à René Magritte (1898-1967), le plus grand peintre surréaliste belge. Grâce à de nombreux dons, y compris ceux de Georgette Magritte, son épouse, le musée possède la plus grande collection au monde d'œuvres de l'artiste. Toutes les périodes de la vie de Magritte sont traitées et toutes les techniques sont représentées (sculptures, affiches, films, dessins…). Au-delà de la large collection de toiles, plongez dans les vidéos, les photos d'époque et la correspondance de l'artiste.

Rencontres au sommet

La visite, chronologique et thématique, débute par le dernier étage pour s'enfoncer toujours un peu plus dans l'univers de l'homme au chapeau melon. Au commencement était le constructivisme, et De Chirico fut. Le surréalisme s'impose à Magritte, et il côtoie Scutenaire, Nougé et Aragon. Des relations éclairées par la muséologie, dont la force est de proposer, à côté des huiles et gouaches, des photos, des extraits de correspondance...

Les travaux imbéciles

Magritte, c'est également la publicité - les affiches et leur apport dans son art -, le communisme et Paris. Un espace retrace cette période sur fond de guerre et de Libération(s). La visite s'achève dans « le Domaine enchanté » et l'obscurité d'une salle de cinéma projetant des films de l'artiste ou l'ayant inspiré.

1, place Royale (entrée) • 3, rue de la Régence (billetterie) • ☎ 02 508 32 11 • www.musee-magritte-museum.be • Mar.-ven. 10h-17h, sam.-dim. 11h-18h ; f. 1er janv., 2e jeu. de janv., 1er mai, 1er nov., 11 nov. et 25 déc. • Entrée : 8 € ; billet unique donnant aussi accès aux musées Old Masters, Fin de siècle et d'Art moderne : 13 € ; accès libre le 1er mer. du mois 13h-17h.

9 MUSÉE DES INSTRUMENTS DE MUSIQUE★★★

Cet édifice Art nouveau, réalisé par Saintenoy en 1899, abrite plus de 7 000 instruments des quatre coins du monde, à écouter grâce à des extraits musicaux.

Musée Magritte

Cette collection est l'une des plus riches de la planète.

Son histoire

En 1898, la société Old England demanda à l'architecte belge Paul Saintenoy d'agrandir l'hôtel néoclassique de Barnabé Guimard en ajoutant un beau bâtiment en fer et en verre. Dans les années 1960, le quartier ayant progressivement été délaissé, l'enseigne abandonna le bâtiment aux célèbres baies vitrées. Ce n'est qu'après un vaste programme de rénovation que le MIM eut le privilège de s'y installer.

Musée des Instruments de musique

Les collections Snoeck et Contarini-Correr

La collection César Snoeck, notaire à Renaix, présente un panorama très étendu de la facture instrumentale en Belgique. La collection Contarini-Correr – grande famille vénitienne – est constituée d'instruments italiens et allemands des XVIe et XVIIe s. : violes de gambe, clavecins, orgues... Un univers fascinant.

Un fonds impressionnant

Aujourd'hui, le fonds du MIM comprend des instruments à cordes frottées ou pincées, des instruments à vent ou à percussion, des instruments électroniques de tous les pays et de toutes les époques, de la préhistoire à nos jours. N'oubliez pas de vous renseigner sur la programmation des concerts, ni de monter au bar-restaurant pour profiter d'une belle vue sur la ville (accès libre) !

2, rue Montagne-de-la-Cour • ☎ 02 545 01 30 • www.mim.be • Mar.-ven. 9h30-17h, sam.-dim. 10h-17h ; f. 1er janv., 1er mai, 1er nov., 11 nov. et 25 déc. • Entrée : 8 € (audioguide inclus) ; accès libre le 1er mer. du mois 13h-17h.

⑩ BOZAR★★

Le palais des Beaux-Arts est l'une des dernières réalisations de Victor Horta, qui en 1928 fit figure de précurseur avec l'utilisation massive du béton et une ligne

pure qui annonçait l'Art déco. Il abrite, outre une vaste salle de concerts d'une remarquable acoustique, une salle de spectacle (danse, théâtre, projections...), des salles d'exposition et une excellente brasserie (t.l.j. 12h-23h).
23, rue Ravenstein • ☎ 02 507 82 00 • www.bozar.be • Expositions : mar.-mer. et ven.-dim. 10h-18h, jeu. 10h-20h30 ; tarif variable selon exposition et événement.

⓫ CINEMATEK**

Savez-vous que l'une des plus importantes collections au monde de copies de films se trouve ici ? Plus de 143 000 bobines couvrent l'histoire du septième art des origines à nos jours. C'est aussi l'un des derniers cinémas à organiser des séances de film muet accompagné d'un concert live au piano. Une expérience rare à ne pas rater (programme sur le site Internet).
9, rue Baron-Horta • ☎ 02 551 19 00 • www.cinematek.be • Lun.-mer. à partir de 17h30, jeu. et dim. à partir de 14h30, ven.-sam. à partir de 17h • Entrée (film + expo) : 4 €.

⓬ Pour une pause avec vue : bibliothèque royale

Montez au 5e étage de la bibliothèque pour accéder à la cafétéria. L'ambiance self-service n'est peut-être pas la plus glamour mais c'est parfait pour un rafraîchissement en cours de journée et la vue sur la ville vaut le détour. Prenez aussi le temps de découvrir le toit-terrasse qui accueille un étonnant projet de potager urbain (accès aux mêmes horaires que la cafétéria) géré par l'association Le début des haricots (www.potage-toit.be).

4, boulevard de l'Empereur • ☎ 02 519 53 11 • www.kbr.be • Lun.-ven. 9h-16h.

Roi des Belges

Depuis sa création en 1830, la Belgique est dotée d'une monarchie. Si certains souhaitent qu'elle soit simplement protocolaire, d'autres la défendent, y voyant le dernier symbole de l'unité du royaume. Quelle est cette famille royale plutôt discrète, peu médiatisée à l'étranger, et aujourd'hui confrontée à la tourmente politique du pays ?

UN PEU D'HISTOIRE

Le 4 octobre 1830, la Belgique déclare son indépendance et se libère du joug hollandais. Louis d'Orléans, fils du roi Louis-Philippe Ier, est appelé à régner mais le monarque français s'y refuse. Léopold de Saxe-Cobourg Gotha, prince allemand dans les petits papiers des Anglais, emporte la couronne. Le premier roi des Belges prête serment le **21 juillet 1831**, date qui marque désormais la fête nationale du royaume. Si la transmission du titre ne s'est pas toujours faite de père en fils, le trône est toujours détenu par la même famille. Depuis juillet 2013, le septième **roi des Belges**, **Philippe** (fils d'Albert II) assure la fonction au côté de son épouse, la **reine Mathilde**.

PEU DE POUVOIRS

Le royaume de Belgique est une **monarchie constitutionnelle** dans laquelle les pouvoirs du roi sont traditionnellement limités. L'adage veut que « le roi règne mais ne gouverne pas ». Ses actes n'ont d'effet que s'ils portent le contreseing d'un ministre. Selon la Constitution, il a en revanche le pouvoir de nommer et révoquer les ministres. Dans la pratique, cela se limite à nom-

Musée royal de l'Afrique centrale

Le « L » de Léopold trône toujours fièrement au sommet de chaque colonne de ce géant de pierre, implanté à Tervuren, mais l'esprit des lieux a bien changé. Le plus grand musée dédié à l'Afrique a fermé ses portes en 2013 pour une rénovation colossale. Sa réouverture, programmée pour mi-2018, devrait faire fi de l'approche colonialiste du roi bâtisseur, au profit d'une mise en scène moderne et interactive des collections (géologie, zoologie, anthropologie...). Un hommage à l'Afrique contemporaine et un témoignage de son histoire.

13, Leuvensesteenweg, Tervuren • ☎ 02 769 52 11 • www.africamuseum.be • Réouverture prévue juin 2018.

mer un « formateur » au lendemain d'élections, qui aura pour mission de mettre en place un gouvernement. Notons que, récemment, cette prérogative royale a été plus présente que jamais dans la vie politique du pays. Un gouvernement tardant à se mettre en place, le roi a multiplié les consultations et fait preuve d'une grande imagination lexicale en nommant tour à tour un « formateur », « explorateur », « conciliateur »... en attendant un accord de gouvernement.

Le roi Philippe et la reine Mathilde

SYMBOLE DE L'UNITÉ

Depuis quelques années, les crises politiques se succèdent en Belgique. Dans un paysage politique tourmenté, où la Flandre affiche ses ambitions d'émancipation, le roi fait figure de dernier symbole de l'unité du pays. Si les dotations royales (sommes reçues chaque année par le roi et sa famille) sont régulièrement remises en cause par certains, beaucoup de Belges expriment toutefois un **attachement pour la figure royale**. Le climat change mais l'on se souviendra de l'émoi provoqué par la mort de **Baudouin** en 1993, frère et prédécesseur d'**Albert II** (1993-2013). Durant deux jours, près de cinquante mille Belges défilèrent devant sa dépouille dans une ambiance de deuil national presque démesurée. S'il est peu probable qu'une telle scène se reproduise, un réel lien demeure.

LOIN DU MODÈLE ANGLAIS

Fille illégitime d'Albert II, homosexualité présumée de l'actuel roi, frasques de son frère Laurent... Si la matière pour journaux à scandales ne manque pas, les **médias** se font peu l'écho des affaires royales. Contrairement à l'Angleterre, connue pour ses journaux sans scrupules, la Belgique n'a pas cette culture *people trash*, les amateurs préférant les photos d'une princesse visitant les enfants malades, la robe d'une autre... RTL-TVI, première chaîne de télévision privée francophone, a d'ailleurs conservé une émission consacrée à la royauté : *Place royale*. Créé en 1994, ce programme relate chaque samedi la vie de la cour de Belgique et de ses voisines européennes. Les choses pourraient changer car les membres de la famille royale font de plus en plus souvent les gros titres et les médias se permettent d'aborder des sujets plus intimes. En 2013, la chaîne flamande VRT a diffusé une série intitulée *Albert II* qui racontait la vie de l'ancien roi, entre faits réels et fiction.

6 Le Sablon ET LE PARC D'EGMONT

Restos & bistrots p. 113 | Bars & clubs p. 146 | Boutiques p. 179

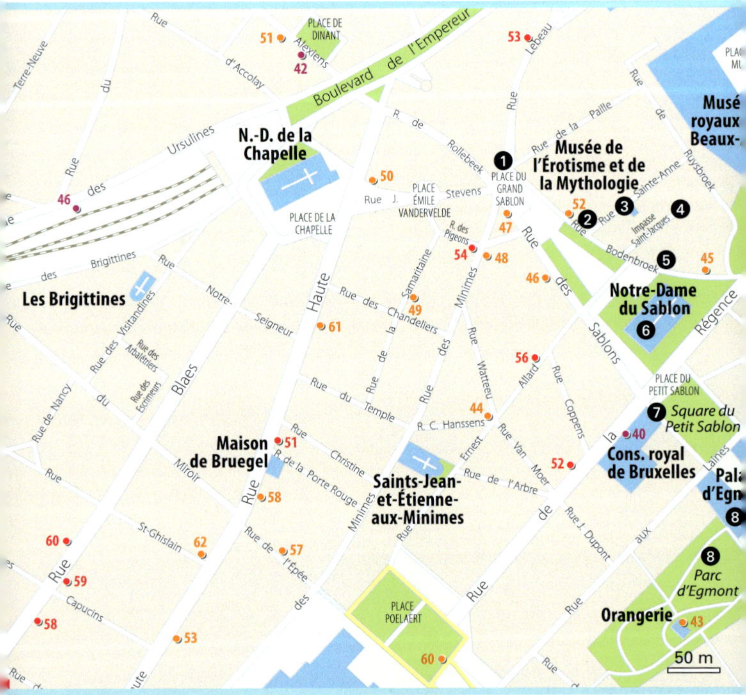

Le Sablon fut longtemps réputé pour son marché d'antiquités et ses échoppes dédiées aux trésors d'un autre temps. La tradition perdure dans ce quartier bourgeois, mais peu à peu les antiquaires laissent la place aux chocolatiers les plus renommés ! Art et cacao, un mariage savoureux que les Bruxellois ne manquent pas de célébrer chaque week-end.

Place du Grand Sablon

❶ PLACE DU GRAND SABLON★★

Les opulentes façades des XVIIe et XVIIIe s. servent de cadre au marché des antiquaires qui se tient sur la place le week-end (sam. 9h-18h, dim. 9h-14h). Depuis l'arrivée des fonctionnaires européens, la bonne affaire se fait rare, mais on y flâne toujours avec grand plaisir.

❸ MUSÉE DE L'ÉROTISME ET DE LA MYTHOLOGIE★★

Yeux sensibles s'abstenir ! Ce musée privé retrace les chemins de l'amour de l'Antiquité à nos jours à travers des statuettes d'ivoire, des objets, des peintures et des estampes... Parmi la collection très osée du propriétaire, un médecin retraité, on découvre un préservatif de 1830 en boyau de mouton, des carnets de courtisane de la fin du XVIIIe s., une poignée de porte de forme phallique venant d'une maison close et bien d'autres choses qui alimentent tous les fantasmes...

32, rue Sainte-Anne • ☎ 02 514 03 53 • www.m-e-m.be • Lun., jeu., ven. 14h-20h, sam.-dim. 11h-17h30 • Entrée : 10 €.

❷ Pour une pause gourmande : Wittamer

Depuis 1910, Wittamer est le temple de la pâtisserie, du bon pain et des viennoiseries ! Le succès fut tel qu'Henri, troisième du nom et ancien propriétaire, ouvrit une confiserie au n° 6 de la place du Grand-Sablon. Le *samba*, gâteau au chocolat (5 €), la meringue soufflée aux fruits frais et les couques aux raisins (1,50 €) sont à emporter ou à consommer sur place. Également un restaurant-salon de thé au n° 12.

Boutique macarons, chocolat : 6, place du Grand-Sablon • ☎ 02 546 11 10 • Lun. 10h-18h, mar.-sam. 9h-19h, dim. 9h-18h30. Pâtisserie : 12, place du Grand-Sablon • ☎ 02 512 37 42 • Lun. 9h-18h, mar.-sam. 7h-19h dim. 7h-18h • Salon de thé : mer.-dim. 9h-18h • www.wittamer.com.

❹ IMPASSE SAINT-JACQUES★

Bien qu'elle ait perdu beaucoup de son charme depuis la construction d'un hôtel de standing, l'impasse est toujours le repaire des marchands d'objets ethnographiques. L'Afrique prédomine avec des armes tribales, des sculptures en bois, des colliers et des objets en terre cuite comme en témoignent, au n° 8, la Galerie Dartevelle (☎ 02 513 01 75, www.dartevelle.be ; mar.-sam. 10h-18h, dim. 10h-14h) ou encore, au n° 2, Congo Gallery (☎ 02 511 47 67, www.congogallery.com ; ven. 14h30-18h30, sam. 10h30-17h45). Dans un autre style, au n° 5, la Galerie Saint-Jacques (☎ 02 502 64 21, www.galerie-st-jacques.com ; mar.-sam. 11h-18h30, dim. 11h-15h) met en avant l'art moderne et contemporain avec un penchant pour les artistes liés au mouvement international CoBrA.

❺ GALERIE HUBERTY & BREYNE★★

Les experts en bande dessinée Alain Huberty et Marc Breyne exposent ici, en partenariat avec la maison parisienne de vente aux enchères Millon. Sur trois niveaux, les murs se couvrent de cases précieuses. Ici, des œuvres des Belges André Franquin, Maurice Tillieux, François Schuiten et des brillants étrangers comme Charles Burns, Hugo Pratt ou José Muñoz s'envolent à plusieurs milliers voire dizaines de milliers d'euros. L'occasion de déambuler entre les encrages qui ont fait l'histoire de la BD.

8a, rue Bodenbroek • ☎ 02 893 90 30 • www.hubertybreyne.com • Mer.-sam. 11h-18h, dim. 11h-17h • Accès libre.

❻ NOTRE-DAME DU SABLON★★★

Une petite barque placée au-dessus de l'entrée sud rappelle qu'en 1348 c'est par ce moyen de transport que la statue miraculeuse de la Vierge arriva dans l'église de la guilde des Arbalétriers. Joyau du gothique flamboyant brabançon, elle est marquée par la présence de

Nef de Notre-Dame du Sablon

Statue des comtes d'Egmont et de Hornes dans le square du Petit-Sablon

colonnes massives, loin des piliers longilignes qui marquèrent les édifices européens de l'époque. Sa façade fut quant à elle revêtue de pinacles, clochetons et balustrades ajourées ainsi que de 57 nouvelles statues, aux XIXe et XXe s.

3, rue de la Régence • ☎ 02 213 00 65 • www.catho-bruxelles.be • Lun.-ven. 9h-18h30, sam.-dim. 9h-19h • Accès libre.

7 SQUARE DU PETIT-SABLON**

Voilà un ravissant petit parc fleuri où il fait bon flâner ! Au centre, le groupe sculpté des comtes d'Egmont et de Hornes, héros de la résistance à l'occupant espagnol, est entouré d'un hémicycle de dix humanistes du XVIe s. Disposés en sentinelles sur la grille en fer forgé qui ceinture le parc, quarante-huit corps de métiers sont représentés avec leurs attributs. À vous de les identifier !

8 PALAIS ET PARC D'EGMONT**

Fermant la perspective des Sablons, cette somptueuse demeure seigneuriale du XVIIIe s. fut la résidence des familles d'Egmont et d'Arenberg avant de devenir le palais de réception du ministère des Affaires étrangères. Le parc abrite une orangerie de style néoclassique dotée d'une agréable terrasse ombragée idéale pour une pause sucrée ou salée (voir La Fabrique en ville, p. 113).

Seul le jardin est accessible au public • Entrées rue du Grand-Cerf et rue aux Laines • T.l.j. 8h-20h • Accès libre.

7 Les Marolles et la PLACE DU JEU-DE-BALLE

Restos & bistrots p. 117 | Bars & clubs p. 146 | Boutiques p. 180

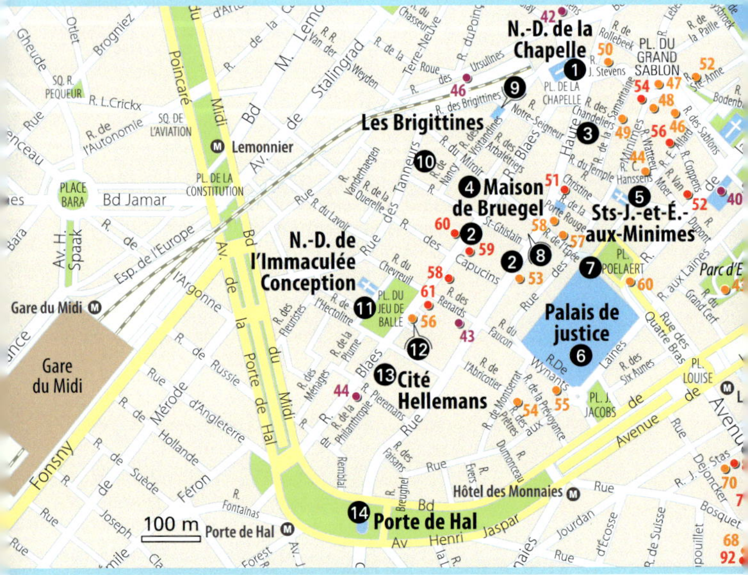

Ce quartier, pendant populaire de l'aristocratique Sablon, doit son nom aux sœurs Marolles qui s'y installèrent au XVIIe s. Si dans le haut de la ville on chine des pièces précieuses chez des antiquaires, l'esprit de ce quartier en contrebas invite plutôt à farfouiller dans le « brol », les babioles exposées à même le sol, en quête de trésors à acquérir pour quelques euros. Son atmosphère conviviale et colorée en fait l'un des lieux les plus plébiscités pour les brunchs du week-end.

❶ NOTRE-DAME DE LA CHAPELLE**

Un curieux clocher baroque coiffe l'ancienne paroisse du peintre Bruegel l'Ancien, qui y est inhumé. À un noyau romano-gothique du XIIIe s. viennent s'ajouter des éléments de diverses époques qui ne déparent pas l'une des plus belles églises de la ville. Les soirs d'été, elle accueille des concerts de musique ancienne lors du festival Voce et Organo. L'église a inspiré le nom de la baraque à frites installée dans son ombre, l'une des plus courues de la ville pour un cornet sur le pouce (Friterie de la Chapelle ; t.l.j. 11h30-23h).

Place de la Chapelle • ☎ 02 512 07 37 • T.l.j. 9h-18h30 • Accès libre.

❷ RUE BLAES ET RUE HAUTE**

Ces deux rues presque parallèles, toujours très animées, regroupent un grand nombre d'antiquaires, de boutiques de décoration et de brocanteurs. Au n° 40 de la rue Blaes, vous pouvez admirer une école Art nouveau, œuvre de Victor Horta. Pour acheter malin, entrez au Passage 125 Blaes (p. 181) ou à l'Espace 161 (161, rue Haute ; ☎ 02 502 31 64), qui abritent plusieurs dizaines d'exposants avec des meubles et des objets de tous styles. Enfin, levez les yeux sur la façade éclectique de Haute Antiques 207 (207, rue Haute ; ☎ 02 548 94 80, www.hauteantiques207.be), ancienne salle de fêtes et de cinéma. À l'intérieur ? Encore des antiquaires et des brocanteurs !

❸ Pour une pause déco : L'Atelier en Ville

À l'entrée de ce gigantesque espace brut, une cafétéria avec ses macchiatos (4 €), bagels (6 €) et marbrés (2,50 €). À peine sustenté, vous risquez d'être déjà reparti pour du shopping puisque le mobilier est à vendre et que vous pourrez également commander du sur-mesure tendance industrielle. Le tour du propriétaire dévoile à l'étage l'enseigne de mobilier Bulk et les trouvailles mode de Cristina signées Manoush, Poe, Uke, Naguisa, Masscob ainsi que des présentations temporaires d'artistes.

64, rue Haute • ☎ 02 514 04 80 • www.latelierenville.com • Mer.-dim. 10h-18h.

❹ MAISON DE BRUEGEL

Pieter Bruegel, dit L'Ancien, vécut à Bruxelles de 1563 à sa mort en 1569. C'est dans la ville qu'il peignit ses œuvres parmi les plus connues. Rien ne prouve que l'artiste vécut dans les murs de cette maison, mais l'édifice est connu depuis des siècles comme « la maison de Bruegel ». Elle fut rachetée par un passionné et léguée, avec sa collection d'objets du XVIe s., aux musées royaux des Beaux-Arts. Pour admirer des œuvres de Bruegel, rendez-vous au musée Old Masters (p. 51).

132, rue Haute • F. au public.

❺ ÉGLISE SAINTS-JEAN-ET-ÉTIENNE-AUX-MINIMES★★

La façade italianisante à pilastres (1715) annonce la belle ordonnance classique et lumineuse de l'intérieur. Outre les chants grégoriens qui animent la messe dominicale, l'église sert de cadre un dimanche par mois (10h30 sf l'été) à un concert gratuit de Bach. Et, en juillet-août, c'est le festival des Midis Minimes durant lequel des concerts classiques sont aussi donnés à la pause déjeuner (lun.-ven. 12h15 à 13h).

62, rue des Minimes • T.l.j. 10h-13h (vis. guidée sur demande 15 j. à l'avance min.) • Accès libre.

Palais de justice

❻ PALAIS DE JUSTICE★

Avec ses 26 000 m^2 au sol, ce bâtiment hors norme inauguré en 1883 sur les plans de Joseph Poelaert est le plus grand palais de justice du monde ! C'est également un édifice qui en dit long sur Bruxelles, son histoire et sa surprenante politique urbanistique, qui laisse dépérir certains de ses joyaux : voilà trente-cinq ans que les échafaudages habillent sa façade sans que les travaux n'avancent vraiment... Tous les Bruxellois connaissent les conditions de sa construction, les expropriations et le courroux des Marolliens qui donna naissance à l'injure « *Skieven architek* ! », « architecte bancal ».

1, place Poelaert • Lun.-ven. 8h-17h • Accès libre.

7 ASCENSEUR POELAERT*

Les cartes taisent le relief mais si vous voulez passer des Marolles au palais de justice, vous devrez affronter un dénivelé de 25 m. Deux options : emprunter la route qui serpente ou l'ascenseur de verre et sa longue passerelle. Si vous n'avez pas prévu de continuer votre balade dans le haut de la ville, faites un rapide aller-retour pour profiter de la vue sur Bruxelles, le regard porte jusqu'à l'Atomium.

Accès place Poelaert et rue de l'Épée • T.l.j. 7h-23h45 • Accès libre.

9 LES BRIGITTINES**

Si ce centre culturel déploie une programmation de choix centrée sur la danse, c'est surtout son architecture qui charmera le touriste de passage. Cette chapelle à nef unique construite au XVIIe s. fut agrandie en 2005 par Andrea Bruno, qui décida de cloner tout simplement l'édifice religieux original ! À côté de ce jumeau, vous

8 Pour une pause italienne : Nonno

Nonno, c'est un hommage au grand-père italien et à ses délicieuses *piadine*. Dans son petit snack aux couleurs vitaminées, Fabrice reproduit la feuille de pâte de son enfance, une sorte de pita italienne de la région de l'Émilie-Romagne (piadina). Il la farcit ensuite de différents ingrédients, dont le jambon cuit aux fines herbes et le salami sarde ou piquant (6 €). On peut aussi opter pour le pain classique avec les mêmes ingrédients (4,50 €). À emporter ou à manger sur place.

155, rue Haute • ☎ 0483 202 117 (mob.) • Lun.-ven. 11h-16h, sam.-dim. 9h-17h.

Les Brigittines

trouverez, rue des Visitandines, une résidence d'artistes et un jardin doté d'une étonnante clôture végétale sortie de l'imagination de Bob Verschueren.
1, petite rue des Brigittines • ☎ 02 213 86 10 • www.brigittines.be • Entrée : 14 €.

⑩ ATELIER DES TANNEURS*

C'est dans un ensemble d'immeubles chargés d'histoire que s'est installée cette pépinière d'entreprises. D'un côté, le palais du Vin, ancien haut lieu du négoce d'alcool avec sa façade Art nouveau décorée de sgraffites de Géo Ponchon. De l'autre côté, les grands magasins Merchie-Pède témoignent également de l'intensité de l'activité commerciale du quartier à la fin du XIXe et au début XXe s. Entrez pour apprécier l'architecture et pour une pause gourmande à La Cantine ou au marché bio.
58-62, rue des Tanneurs • ☎ 02 548 70 00 • www.ateliersdestanneurs.be • La Cantine : lun.-sam. 8h-17h, dim. 11h-15h (brunch) • Marché bio : mar.-ven. 11h30-18h, sam.-dim. 10h-16h.

⑪ PLACE DU JEU-DE-BALLE***

Les tintinophiles reconnaîtront immédiatement le lieu où le reporter et son chien fidèle acquirent la maquette de bateau qui donna naissance aux aventures du *Secret de La Licorne*. Dès 5h, c'est le grand déballage d'objets hétéroclites sur lesquels se penchent les connaisseurs, car parmi le « brol » se trouve parfois l'objet rare à un prix dérisoire. Le dimanche, on soigne (un peu) la présentation, et donc les prix ! Pour chiner, venez

Brocante sur la place du Jeu-de-Balle

plutôt un mardi ou un vendredi à la première heure. Quant au spectacle, il est permanent entre les *zwanze* en bruxellois et les tractations en arabe. Une fois les stands de fortune remballés vient le temps du « glanage » pour les plus désargentés espérant tirer quelques centimes des objets délaissés.

Brocante : lun.-ven. 6h-14h, sam.-dim. 6h-15h.

⓬ ANCIENNE CASERNE*

L'ancienne caserne État-major des pompiers de Bruxelles a été rénovée pour accueillir une quinzaine de commerces. Principalement orientés mode et décoration, ils partagent deux dénominateurs communs : la création et le recyclage. Chaque boutique a ses horaires propres mais tend à suivre le rythme du quartier en ouvrant du jeudi au dimanche. Dans le pavillon central, découvrez Pin Pon, une brasserie tout feu tout flamme (p. 118).

Place du Jeu-de-Balle • Accès libre.

⓭ CITÉ HELLEMANS*

L'ensemble d'immeubles bâtis sur six rangs parallèles représentait, au moment de sa construction en 1914, l'avant-garde du logement social. Hygiène, clarté et fonctionnalité régissent les constructions en briques colorées où le linge sèche encore aux fenêtres.

Rue Blaes, rue des Orfèvres, rue des Brodeurs, rue des Chaisiers, rue des Tonneliers et rue des Charpentiers.

Cité Hellemans

⓮ PORTE DE HAL**

À la frontière entre les Marolles et le quartier de Saint-Gilles, cette tour du XIVe s. est l'un des rares vestiges de l'enceinte qui protégeait la ville. Transformée en temple luthérien, puis en grenier à grain et enfin en prison, cette porte militaire fut modifiée au XIXe s. dans un style néogothique qui lui donne des airs de château de conte de fées. L'exposition présente l'histoire du bâtiment et de la ville. Ne ratez pas l'escalier vertigineux, le grenier et le chemin de ronde d'où Bruxelles s'offre à vous.

150, boulevard du Midi • ☎ 02 534 15 18 • www.kmkg-mrah.be • Mar.-ven. 9h30-17h, sam.-dim. 10h-17h ; f. 1er janv., 1er mai, 1er nov., 11 nov. et 25 déc. • Entrée : 5 €.

8 Saint-Boniface ET MATONGE

Restos & bistrots p. 120 | Bars & clubs p. 147 | Boutiques p. 182

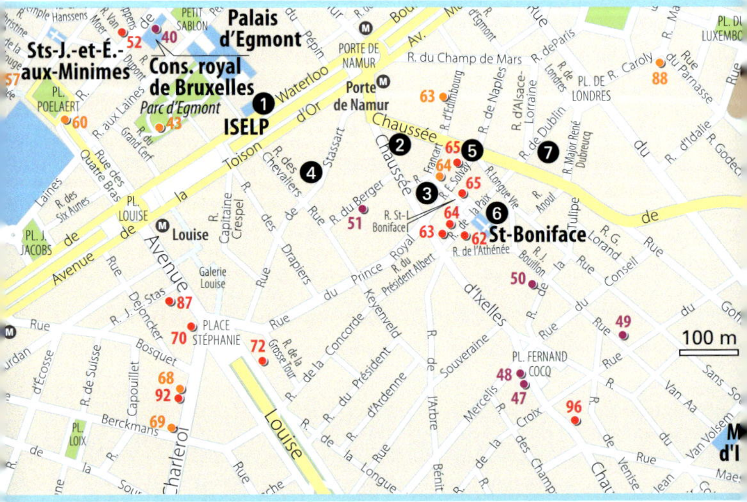

Entre Matonge, qui vit au rythme africain, et la bruyante chaussée d'Ixelles, peuplée de magasins bon marché, survit un îlot préservé, aux nombreuses façades remarquables. L'ambiance bigarrée où cohabitent art contemporain et bistrots de quartier a donné naissance à une zone dynamique où il fait bon flâner et s'attarder en terrasse.

❶ ISELP★★

L'Institut supérieur pour l'étude du langage plastique veut donner à voir et surtout à comprendre l'art contemporain. Il multiplie expositions, cours et conférences et propose un centre de documentation et un café-restaurant pour optimiser les échanges. Garanti sans snobisme ni paternalisme ! Le passage de Milan, qui mène à l'Institut, est aussi un des accès à l'atypique

ISELP

parc d'Egmont (p. 61), espace vert d'1,5 ha entièrement enclavé.

31, boulevard de Waterloo • ☎ 02 504 80 70 • www.iselp.be

Expos & café : Mar.-dim. 11h-18h • 6 € (expo).

Centre de documentation : lun.-ven. 9h30-13h et 14h-17h ; f. j.f. • **Entrée :** 5 €.

❷ MATONGE★★

À la sortie du métro Porte de Namur, sur un bâtiment entre un fast-food et une grande enseigne de prêt-à-porter, une reproduction monumentale de l'artiste congolais Chéri Samba célèbre le brassage culturel et donne le ton. C'est ici, dans le triangle formé par les chaussées d'Ixelles et de Wavre et la rue de la Paix que s'épanouit le quartier africain de Bruxelles et ses trottoirs encombrés.

Passé colonial

Nommé Matonge en référence à l'un des quartiers animés de Kinshasa, le quartier abritait autrefois la Maison africaine, où séjournaient les étudiants congolais ayant reçu une bourse de l'État belge, ainsi que l'Union des femmes coloniales, qui invitait les épouses belges à se préparer à leur départ pour le Congo...

Shopping ethnique

Aujourd'hui, les Congolais ont été rejoints par des Maliens, des Sénégalais, des Burundais... élargissant la palette gastronomique du quartier entre *moambe*, *mfumbua* et plats de manioc. C'est également l'endroit idéal pour acquérir des épices, des denrées exotiques ou du tissu wax.

Fresque dans le quartier Matonge

❸ Pour une pause pasta : Delizie della Mamma

Il en faut peu pour ensoleiller une journée : de la farine, des œufs et des mains attentionnés qui confectionnent des pâtes fraîches, par exemple. Le tout est ici accommodé avec des ingrédients simples pour des recettes qui chantent comme les *gnocchi al pesto* (13 €), les *passatelli panna e speck* (12 €) ou encore les *tortelloni burro e salvia* (11 €).

36, rue Saint-Boniface • ☎ 02 513 03 23 • www.deliziedellamamma.be • Lun.-sam. 10h-22h30.

❹ INSTALLATION D'ARNE QUINZE / HÔTEL AQUA*

L'artiste belge contemporain Arne Quinze a conçu une œuvre pour cet hôtel installé dans d'anciens locaux Kodak. N'hésitez pas à passer la porte de l'établissement pour découvrir la maquette de la création, installée dans l'entrée et, dans le lobby, pour admirer l'œuvre, un impressionnant montage de morceaux de bois peints en bleu.

43, rue de Stassart • ☎ 02 213 01 01 • www.aqua-hotel-brussels.com

❺ RUES SAINT-BONIFACE ET ERNEST-SOLVAY**

En 1898, pour dynamiser un quartier alors naissant, la commune d'Ixelles décida d'organiser le concours de la plus belle façade. Motivés par le prix promis, 15 000 francs de l'époque, de nombreux architectes investirent les environs. Parmi les dizaines de réalisations inspirées de l'Art nouveau, notons le n° 12 de la rue Solvay, où vécut l'architecte Ernest Blerot. Dans la rue Saint-Boniface, attardez-vous sur les remarquables sgraffites, des n° 17, 19, 20 et 22, notamment une représentation de Roméo et Juliette que l'on devine sous une couche de peinture blanche. De nombreuses façades

Angle des rues Solvay et Saint-Boniface

Belgomarkt

ont été mal restaurées, mais l'œil curieux découvrira dans ces rues une foule de petits trésors.

❻ ÉGLISE SAINT- BONIFACE**

Après de longs travaux de restauration, l'église Saint-Boniface égaie enfin la place de ses jolies pierres couleur sable. L'église, un pur cru néogothique, fut édifiée en 1847 pour les paroissiens las de se rendre à la messe à l'abbaye de la Cambre. L'intérieur, étonnamment lumineux, renferme de très impressionnants confessionnaux néogothiques.

21, rue de la Paix • ☎ 02 512 81 43 • Lun.-sam. 9h-17h30, dim. 9h-19h • Accès libre.

❼ BELGOMARKT*

Pour se voir offrir une place dans les rayons de ce magasin un peu particulier, la règle est stricte : le produit doit être cultivé, fabriqué ou entièrement transformé en Belgique ! Une présentation ultra sobre tendance hangar, des produits en vrac, une bonne sélection de bières artisanales et de sucreries à glisser dans la valise et de quoi se composer un panier pique-nique complet, voilà la recette du succès de ce supermarché d'un nouveau genre. Un comptoir propose des snacks prêts à consommer.

19, rue de Dublin • ☎ 02 503 45 25 • http://belgomarkt.be • Mar.-sam. 10h-19h, dim. 10h-16h.

9 Le Châtelain ET LE MUSÉE HORTA

Restos & bistrots p. 121 | Bars & clubs p. 150 | Boutiques p. 183

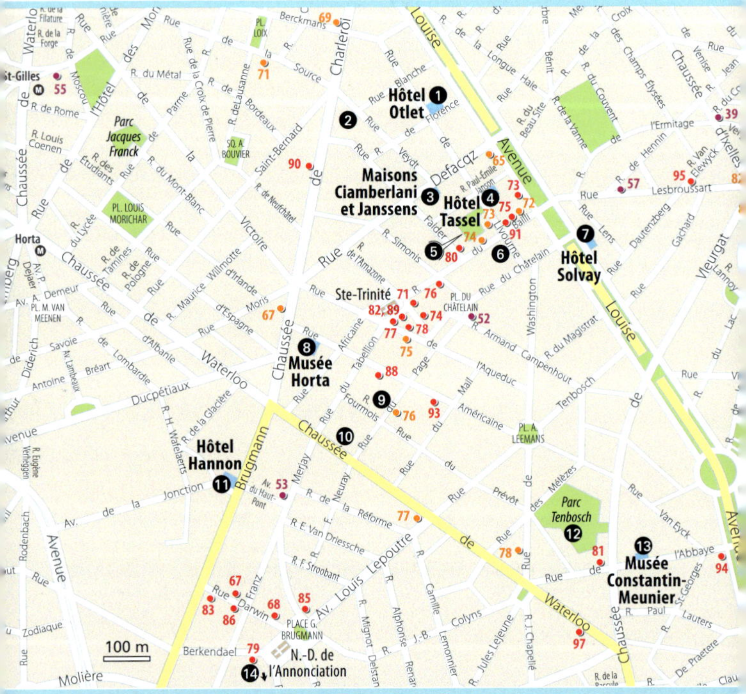

À la fin du XIXe siècle, ce quartier élégant fut l'un des terrains d'expérimentation de l'Art nouveau, style exubérant adopté par la bourgeoisie industrielle. En témoigne la maison de Victor Horta qui vous plongera dans l'univers végétal du célèbre architecte ! Lieu de shopping en journée, le quartier devient festif dès l'apéro et accueille un joli marché prisé des expatriés européens place du Châtelain.

❶ HÔTEL OTLET*

L'abandon de la symétrie au profit d'un jeu savant de mouvements rentrants et sortants témoigne de la volonté d'Octave Van Rysselberghe de s'insérer dans le courant Art nouveau. Si l'on compare cet édifice avec l'hôtel Tassel (voir ci-après), son contemporain, on constate une certaine timidité de l'architecte, qui a néanmoins réalisé une élégante construction.

48, rue de Livourne • F. au public.

❷ LA PATINOIRE ROYALE*

Construite en 1877, cette patinoire, mieux connue à l'époque sous le nom de « Royal Skating », fut le témoin des figures et gamelles des patineurs à roulettes. Devenu par la suite garage Bugatti, dépôt d'armes puis lieu d'exposition de voitures anciennes, l'espace est désormais consacré à l'art. Deux à trois expositions temporaires y sont présentées chaque année. Tournées vers l'art moderne et contemporain, elles mêlent décryptages thématiques et focus sur un artiste.

15, rue Veydt • ☎ 02 502 78 24 • www.lapatinoireroyale.com • Mar.-sam. 11h-18h ; f. i.f.

❸ MAISONS CIAMBERLANI ET JANSSENS*

Ces deux réalisations très différentes (1897-1898) de Paul Hankar (p. 78) s'imposent par

Maison Ciamberlani

une sobriété peu commune dans l'Art nouveau. Elles jouent sur le mariage ornemental de la brique et de la pierre, et sur la polychromie des sgraffites. Remarquez les ouvertures en fer à cheval qui sont la marque propre d'Hankar.

Maison Ciamberlani : 48, rue Defacqz • F. au public.

Maison Janssens : 50, rue Defacqz • F. au public.

❹ HÔTEL TASSEL*

Un bow-window entièrement vitré serti dans le métal et dans une pierre ocre, un mouvement curviligne continu, des colonnettes jaillissant de la pierre, une balustrade en coup de fouet... tous les thèmes du langage architectural de Victor Horta sont présents dans sa seconde réalisation d'un hôtel particulier (1893) pour son ami le professeur Tassel.

6, rue Paul-Émile-Janson • F. au public.

5 PARC FAIDER

Le parc Faider est un petit écrin de verdure dissimulé des regards. L'on y accède par une porte cochère qui dévoile négligemment l'existence du repaire discret par le biais d'un panneau défraîchi. L'on s'y pose pour grignoter, se reposer sur un banc ou pour regarder les enfants s'amuser dans le terrain de jeux qui leur est dédié.

86, rue Faider • Avr.-août : t.l.j. 9h-20h ; sept.-oct. : t.l.j. 9h-18h ; nov.-mars : t.l.j. 9h-17h • Accès libre.

6 Pour une pause asiatique : Knees To Chin

Cet agréable comptoir et ses quelques tables s'articulent autour d'une proposition monomaniaque : le rouleau de printemps ! On le rencontre dans tous ses états : avec poulet, poire, menthe et oignon frits ou encore associant saumon fumé et fenouil, la pomme à la coriandre et au gingembre (3,90 € la pièce).

125, rue de Livourne • ☎ 02 644 18 11 • www.kneestochin.com • Lun.-sam. 11h30-22h • Formule rouleaux, soupe ou riz : 9,20-12,20 €.

7 HÔTEL SOLVAY**

C'est le fils du fondateur de l'empire chimique Solvay qui commanda cet hôtel particulier à Victor Horta en 1895. La façade se caractérise par le recours à deux bow-windows et l'emploi de pierre naturelle mêlée au verre et au fer. La visite est vivement recommandée puisque cette maison de maître Art nouveau est la seule de la ville a avoir conservé la quasi-intégralité de son mobilier d'origine.

224, av. Louise • ☎ 02 640 56 45 • www.hotelsolvay.be • Vis. guidée slmt, voir p. 205.

8 MUSÉE HORTA***

S'il n'y avait qu'un seul nom à retenir du mouvement Art nouveau bruxellois, ce serait probablement celui de Victor Horta. Né en 1861 à Gand, l'architecte acquit sa renommée en bâtissant vers 1890 les hôtels particuliers de deux amis, Émile Tassel (p. 73) et Eugène Autrique (p. 78). Des dizaines de chantiers suivirent, notamment la construction de cette maison familiale servant également d'atelier, qu'il se construisit entre 1898 et 1901. La bâtisse marque l'apogée de l'Art nouveau. Outre une spectaculaire cage d'escalier couronnée par une verrière

Musée Horta

mordorée, la demeure a conservé une grande partie de sa décoration intérieure : mosaïques, vitraux, mobilier et peintures murales.

25, rue Américaine • ☎ 02 543 04 90 • www.hortamuseum.be • Mar.-dim. 14h-17h30 ; f. j.f. • Entrée : 10 €.

⑩ GALERIE PULS*

Cet espace est entièrement dédié à la céramique contemporaine : en porcelaine, en grès ou en faïence, parfois en verre, ce sont d'étonnants objets, des pièces uniques qui séduisent à la fois par la forme, la matière et la couleur. Une cinquantaine d'artistes confirmés et de nouveaux talents de tous horizons sont exposés au cours des nombreuses expositions temporaires.

19, rue du Page • ☎ 0494 836 055 (mob.) • www.pulsceramics.com • Mer.-sam. 13h-18h.

⑪ HÔTEL HANNON*

Édouard Hannon était un ingénieur réputé, ainsi qu'un photographe et un critique d'art. Pour dessiner sa demeure, il fit appel à son ami d'enfance, l'architecte Jules

❾ Pour une pause cupcakes : Lilicup

Banana Crunch, Speculoos, Carrot Cake, Elvis... Ces cupcakes imaginés par deux copines, Vanessa et Leila, prouvent que l'amitié fait bien les choses ! Ces bouchées de gourmandise divines (3,60-5,20 €) se dégustent dans le petit salon de thé très *girly* aux théières rétro et cloches en verre. L'hiver, on se réchauffe avec un chocolat maison agrémenté de marshmallows maison, *of course* (3,60 €) et l'été d'un délicieux thé glacé du jour (3,60 €) !

65, rue du Page • ☎ 02 538 02 68 • www.lilicup.com • De mi-août à mi-juil. : mar.-sam. 10h-18h30.

Brunfaut, en lui donnant comme consigne d'utiliser les codes de l'Art nouveau. L'hôtel Hannon est la première œuvre du Belge, formé à Paris et en Italie, et incontestablement la plus connue. On doit la décoration intérieure à Louis Majorelle et Émile Gallé, et les remarquables vitraux sont signés du maître verrier Raphaël Évaldre, qui travailla aussi aux vitraux de l'Hôtel Tassel.

1, av. de la Jonction • F. pour rénovation.

⓬ PARC TENBOSCH★★

Le parc Tenbosch, aménagé au XIXe s., est un jardin botanique vallonné merveilleusement bien planté et plein de charme. Outre ses innombrables plantes rares, dont l'arbre aux mouchoirs originaire de Chine, ou ses tortues dans les bassins, il a la particularité d'héberger une colonie de perruches sauvages ! Elles ont élu domicile dans un arbre en bas à droite de l'entrée. Pour les trouver, laissez-vous guider par le bruit...

Entrées square Henri-Michaux, rue des Mélèzes et rue Hector-Denis • Avr. : t.l.j. 8h-18h50 ; mai-août : t.l.j. 8h-20h50 ; sept. : t.l.j. 8h-19h50 ; oct.-mars : t.l.j. 8h-17h50 • Accès libre.

⓭ MUSÉE CONSTANTIN-MEUNIER★

N'hésitez pas à passer la porte, c'est bien là. Si ce musée ressemble tant à une maison typiquement bruxelloise, c'est simplement parce qu'il est installé dans l'ancienne maison-atelier de Constantin Meunier. Né en 1831 à Bruxelles, le peintre et sculpteur réaliste fit construire cette demeure à la fin de sa vie. On peut aujourd'hui y admirer des pièces majeures comme le bronze *Le Marteleur (1890)* ou la toile *Le Creuset brisé* (1884).

Seconde vie

La centaine de pièces présentées dans le musée mettent l'accent sur les œuvres réalisées entre 1875 et 1905, une période tardive que l'artiste avait l'habitude de nommer sa « seconde vie ». Elles sont particulièrement marquées par l'analyse sans concession de la misère sociale et de la place de l'ouvrier dans la machinerie industrielle.

59, rue de l'Abbaye • ☎ 02 648 44 49 • www.fine-arts-museum.be • Mar.-ven. 10h-12h et 12h45-17h ; f. 1er janv., 2e jeu. de janv., 1er nov., 11 nov. et 25 déc. • Accès libre.

⓮ MUSÉE VAN BUUREN★★★

Cette maison-musée peu connue est pourtant un véritable trésor d'architecture intérieure Art déco. David Van Buuren (1886-1955), d'abord financier, devint vite collectionneur puis mécène. Avec sa femme Alice, il fit travailler de nombreux artistes, architectes et décorateurs pour construire leur maison en 1928. Elle fut aménagée avec une homogénéité remarquable par des ensembliers-décorateurs belges, français et hollandais.

La maison

La cage d'escalier, tout en palissandre et agrémentée de jeux de vitraux, fut réalisée par l'atelier Dominique à Paris. Dans la salle à manger, de merveilleux tapis de Maurice Dufrêne rehaussent la blondeur des meubles créés par l'entreprise malinoise J. Wynants. Un style pur où la ligne et le raffinement des matières exotiques mettent en valeur la collection de peintures anciennes (Bruegel, Van Woestyne, Van Dongen).

Musée Van Buuren

Le jardin

Ce jardin d'un hectare et demi se divise en trois parties : le Jardin pittoresque, sauvage et éclatant, planté par Jules Buyssens en 1924 dans l'esprit des Années folles, le jardin secret du Cœur, créé en 1970 par le paysagiste René Pechère en hommage à Alice Van Buuren, et le Labyrinthe...

Le Labyrinthe

Ses allées bordées d'ifs suivent la pente douce du terrain pour mener au grand cèdre, repaire du Minotaure. Si vous ne faites pas d'erreur, vous suivrez un parcours de 380 m ponctué par sept sculptures illustrant *Le Cantique des cantiques*. Si vous avez le malheur de vous perdre, il vous faudra parcourir quelques centaines de mètres en plus !

41, avenue Léo-Errera, trams n° 3 ou 7 (arrêt Churchill) ou bus n° 60 • ☎ 02 343 48 51 • www.museumvanbuuren.be

Musée et jardins : mer.-lun. 14h-17h30 • Entrée : 10 €.

L'Art nouveau

À l'aube du XXe siècle, Bruxelles, dont la population a doublé, étouffe dans son enceinte médiévale. Le roi Léopold II décide d'aérer la capitale en intégrant les faubourgs et en aménageant deux avenues ombragées, les avenues de Tervueren et Louise. La nouvelle bourgeoisie libérale, éclairée et progressiste veut afficher sa différence et encourage les recherches architecturales libres qui, utilisant les nouveaux matériaux tels le fer et le verre, affirment leur indépendance.

UNE MAISON PERSONNALISÉE

L'Art nouveau est ressenti comme une révolution libératrice contre l'ennui des façades du XIXe s. qui, même ostentatoires, dégageaient une impression de monotonie. **Paul Hankar** bouscule cet état de fait en recourant aux larges ouvertures cintrées et à la polychromie. Quant à **Victor Horta,** il brise le schéma des trois pièces en enfilade typique de la maison bruxelloise et porte la lumière jusqu'au cœur de l'habitation.

LE MARIAGE DE LA TECHNIQUE ET DE L'IMAGINATION

L'ouverture sur le Japon, qui révèle un art sobre et dépouillé, la technologie industrielle, l'exploitation de marbres et bois précieux au Congo sont autant de moteurs qui stimulent les architectes dans la recherche d'un habitat modulable et adapté aux besoins de chacun. Dès lors, l'imagination se débride, puisant dans le monde végétal et le flamboiement gothique.

LA MAISON MANIFESTE

Avec un large *bow-window* entièrement vitré qui dynamise la façade étroite, l'utilisation massive et franche du fer avec rivets apparents, et la

La maison Autrique

L'une des premières réalisations du jeune Horta, la maison Autrique (1893), annonce ce qui n'est pas encore appelé Art nouveau. Après une longue restauration, la maison a retrouvé sa physionomie du temps passé, tandis que la mise en scène de François Schuiten et Benoît Peeters - les auteurs de la série BD *Les Cités obscures* - fait revivre chaque pièce et transporte dans l'intimité de la famille Autrique.

266, chaussée de Haecht, HP par D1 • ☎ 02 215 66 00 • www.autrique.be • Mer.-dim. 12h-18h • Entrée : 7 €.

bichromie des pierres ocre et bleu, l'**hôtel Tassel** (p. 73), construit en 1893 par Horta, devait rester un édifice clé dans l'histoire de l'architecture. Mais c'est surtout dans la distribution intérieure des pièces, articulées autour d'un escalier hélicoïdal, et dans l'ornementation – dont la fameuse « ligne coup de fouet » – que se révèle le génie de celui qui sera le chef de file incontesté du mouvement.

Détail de la maison Ciamberlani, Paul Hankar

LUXE ET VOLUPTÉ

Grâce au soutien d'amis industriels, Horta a carte blanche pour bâtir les édifices les plus marquants de l'Art nouveau. L'**hôtel Solvay** (p. 74) est le plus luxueux et le plus abouti : pas un détail n'échappe à cet architecte, qui choisit lui-même le moindre matériau, de l'acajou du Congo au padauk de Birmanie, et dessine le plus infime élément décoratif, de la forme du radiateur aux poignées de porte. Il va sans dire que les papiers peints, les tapis et le mobilier sont des pièces uniques adaptées à chaque intérieur.

VERS LE MODERNISME

Henry Van de Velde, qui débuta sa carrière comme peintre, s'oppose d'emblée à la fantaisie délirante et au foisonnement décoratif. Rigueur, dépouillement et ligne pure forment son credo, une démarche qui en fait l'un des précurseurs du design. Après un séjour en Allemagne, où il assume la direction d'une école des arts et métiers, le futur célèbre Bauhaus, il ouvre en 1926 l'Institut des arts décoratifs de la Cambre, aujourd'hui l'ENSAV (p. 83), toujours actif et réputé.

VERS L'ART DÉCO

Le **palais Stoclet** (279-281, av. de Tervueren, HP par F3 ; f. au public), de 1905, marque la fin de l'exubérance et de la fantaisie. La façade raffinée aux lignes droites témoigne de l'évolution vers l'Art déco. La **villa Empain** (67, av. Franklin-Roosevelt, HP par D5, tram n° 25 ou n° 94 ; ☎ 02 627 52 30, www.villaempain.com ; mar.-dim. 11h-18h ; entrée : 10 €), aujourd'hui fondation Boghossian, a retrouvé son luxe d'antan entre lignes Art déco et modernistes. Imaginée par Michel Polak en 1930 pour l'entrepreneur Louis Empain, elle s'habille de granit poli de Baveno sur les façades et de marbres d'Escalette et de Boisjourdan à l'intérieur. La villa est une perle et les expositions sont magnifiques.

10 Flagey et les ÉTANGS D'IXELLES

Restos & bistrots p. 125 | Bars & clubs p. 151 | Boutiques p. 192

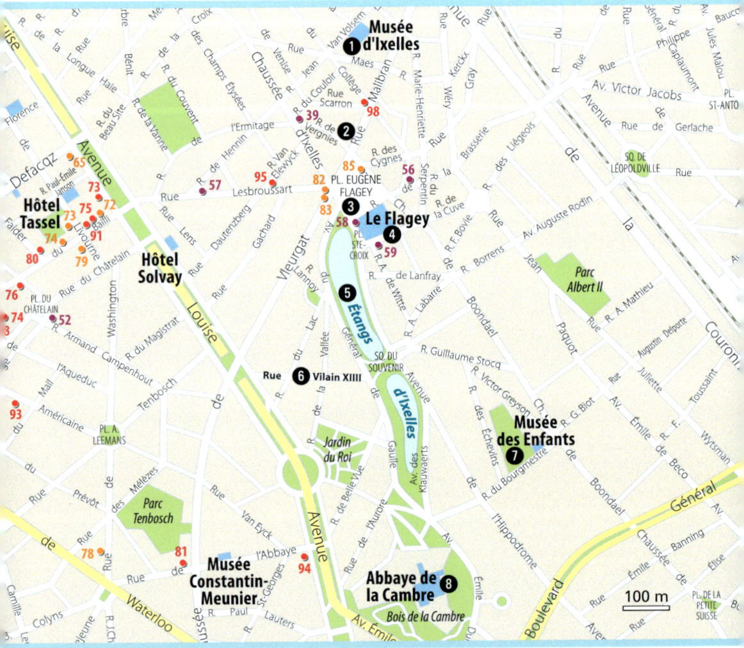

Au XVIIe siècle, le quartier était réputé pour ses brasseries clandestines. De ce passé, il a gardé des noms de rues au parfum de houblon : la Cuve, la Brasserie, la Levure... et un grand sens de la fête. Les bars conviviaux sont donc nombreux et vous trouverez à leurs côtés des boutiques spécialisées, un décor de pique-nique mémorable, un petit musée de grande envergure et surtout une ambiance très décontractée pour un quartier en vogue.

❶ MUSÉE D'IXELLES***

Né à la fin du XIXᵉ s. pour abriter la collection d'un particulier, le musée installé dans les anciens abattoirs de la commune n'a pas cessé de se développer. Il abrite aujourd'hui les plus grands courants artistiques belges des XIXᵉ et XXᵉ s. : le symbolisme de Fernand Khnopff, Félicien Rops ou Jean Delville, l'impressionnisme d'Émile Claus, l'expressionnisme de Gustave de Smet, le fauvisme de Rik Wouters, le surréalisme de Magritte et Delvaux ainsi que quelques œuvres du mouvement CoBrA et plus particulièrement de Pierre Alechinsky. Au total, le musée possède un fonds de près de 13 000 œuvres parmi lesquelles l'intégralité des productions lithographiques de Toulouse-Lautrec.

71, rue Jean-Van Volsem • ☎ 02 515 64 22 • www.museedixelles.irisnet.be • Fermé pour rénovation.

❸ PLACE EUGÈNE-FLAGEY*

Sa rénovation au tournant des années 2010 sonne comme une nouvelle « histoire belge »... En témoignent les parkings inutilisables à l'ouverture, le fonctionnement aléatoire des fontaines et le style qui fait polémique. Profitez néanmoins des immenses bancs qui la bordent, ainsi que des nombreuses animations organisées ou spontanées qui s'y déroulent régulièrement. Et n'hésitez pas à tester la baraque à frites de la place : elle ne paie pas de mine, mais est chère aux estomacs des Bruxellois (Frit Flagey, p. 125).

❹ LE FLAGEY*

Surnommé le « Paquebot », cet immeuble Art déco hébergeait à l'origine la Maison de la radio. Réhabilité, il est désormais l'un des hauts lieux culturels bruxellois.

❷ Pour une pause chaleureuse : Les Pénates

Entre le bar, le restaurant, le jardin couvert et la terrasse, ce lieu convivial snobe la tendance aux décos épurées pour lui préférer une ambiance déparlée et chaleureuse. Avec son délicieux tatin d'aubergine (10,50 €), son risotto (14,90 €), son croque au comté (8,40 €) et ses tapas (à partir de 3,30 €), il est le point de chute idéal pour un lunch entre deux visites ou pour les soirées qui s'allongent autour d'une bouteille de vin !

42, rue de Vergnies, tram 81 et bus 59-71 (arrêt Flagey) • ☎ 02 850 82 77 • http://lespenates.be • T.l.j. 11h-1h.

Avec un cinéma et une salle de concerts programmant world music, classique ou jazz, Le Flagey a misé sur le métissage et une programmation léchée ; un pari largement gagné et récompensé par un public fidèle et nombreux. Pensez à réserver vos billets !

Place Sainte-Croix • ☎ 02 641 10 10 (infos) ou ☎ 02 641 10 20 (résa) • www.flagey.be • Billetterie : mar.-ven. 12h-17h.

❺ PARC DES ÉTANGS D'IXELLES***

Ce parc est sans conteste l'un des poumons verts les plus charmants de la capitale. Il servait autrefois de réservoir d'eau et de glace ainsi que de lavoir, et fit partie du remaniement urbanistique de Victor Besme au XIXe s. Les quatre anciens étangs sont devenus ce grand espace structuré au bord duquel ont fleuri de majestueuses maisons de maîtres.

Accès via l'avenue des Éperons d'Or, l'avenue de l'Hippodrome et l'avenue du Général-de-Gaulle.

❻ RUE VILAIN XIIII*

Cette portion d'Ixelles regorge de façades Art nouveau. Vous en trouverez deux beaux exemples aux n° 9 et 11 de la rue signés Ernest Blerot, un architecte prolifique qui conçut plus de cinquante maisons de maître en dix ans ! En comparant ces deux réalisations, vous remarquerez qu'il mettait un point d'honneur à ne pas toujours utiliser les mêmes techniques et motifs.

Place Flagey

Bois de la Cambre

❼ MUSÉE DES ENFANTS*

Basé sur l'apprentissage par le jeu, le musée renouvelle le thème de son exposition tous les 4 ans. Actuellement intitulée « S'émerveiller ! », elle fait parcourir plusieurs univers permettant d'éveiller les cinq sens. Un voyage interactif à faire en famille !

15, rue du Bourgmestre • ☎ 02 640 01 07 (lun.-ven. 9h-12h30) • www.museedesenfants.be • Mer. et sam.-dim. 14h30-17h ; vacances scolaires belges : t.l.j. 14h30-17h (sf. juil. f. sam.-dim.) • Entrée : 8,50 €.

❽ ABBAYE ET BOIS DE LA CAMBRE**

Le bois de la Cambre offre une jolie bouffée d'oxygène avec son parc paysager réalisé en 1862 sur les plans de l'Allemand Edouard Keilig (on lui doit aussi le parc de Laeken). Il abrite une abbaye, fondée par des moines cisterciens en 1201. Elle comprend aujourd'hui une église du XVe s., un cloître du XVIe s. et des jardins étagés. C'est également sur ce très beau site que la célèbre École nationale supérieure des arts visuels de la Cambre (ENSAV) forme ses étudiants en art et design, au sens large, stylisme y compris. À la lisière du bois, de l'autre côté de la chaussée de la Hulpe, s'ouvre la forêt de Soignes, étendue sur 4 380 ha.

Bois de la Cambre : accès par l'avenue Louise, la chaussée de Waterloo et l'avenue Franklin-Roosevelt • Avr.-sept. : t.l.j. 6h-22h ; oct.-mars : t.l.j. 7h-21h.

Forêt de Soignes : accès par la chaussée de la Hulpe et la drève de Lorraine.

11 Le quartier européen, AUTOUR DU PARLEMENT

Restos & bistrots p. 127 | Bars & clubs p. 154 | Boutiques p. 195

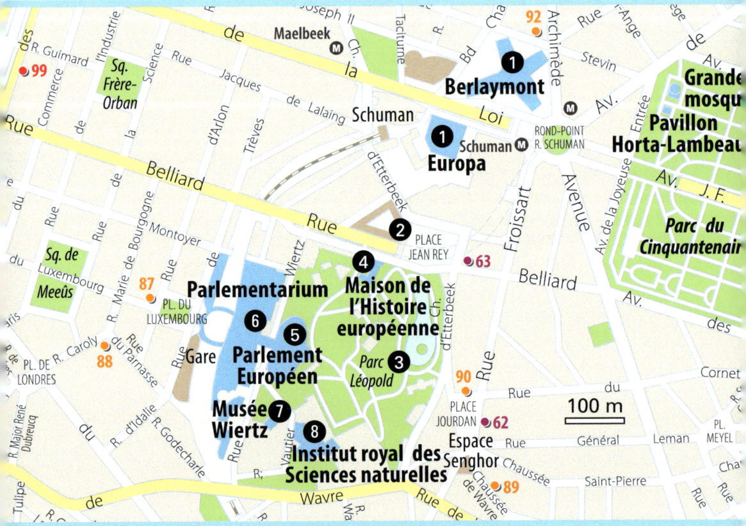

À quoi ressemble donc la Bruxelles des décisions européennes ? Remodelé par la présence des institutions, qui multiplient les initiatives pour s'ouvrir au public, le quartier conserve un magnifique parc vallonné doté d'un musée d'histoire naturelle à la pointe, tandis que la place du Luxembourg se transforme chaque soir en lieu d'apéro polyglotte.

1 BERLAYMONT ET EUROPA★★★

Sur le rond-point Schuman se dresse le Berlaymont, l'imposant bâtiment de la Commission européenne. Premier siège des fonctionnaires de l'ancienne Communauté économique européenne, il abrite aujourd'hui les bureaux des fonctionnaires liés au président et aux commissaires.

Il répond à un plan en croix, aux ailes suspendues au-dessus du sol par le centre. À quelques pas, s'élance l'Europa, le nouveau bâtiment du Conseil européen et du Conseil de l'UE, qui accueille les réunions des chefs d'État ou de gouvernement des pays membres et celles des ministres européens. Vous comprendrez aisément en l'observant pourquoi ce bâtiment signé Samyn & Partners a reçu le surnom d' « œuf de Van Rompuy », du nom du président du Conseil européen de 2010 à 2014 qui commanda l'ouvrage.

Berlaymont : 200, rue de la Loi ; Centre de visites de la Commission européenne : bâtiment Charlemagne, 170, rue de la Loi • ☎ 02 299 11 11 • http://ec.europa.eu/ • comm-visit-requests@ec.europa.eu **Europa :** 175, rue de la Loi • ☎ 02 281 61 11 • www.consilium.europa.eu. **Conseil et Commission :** visites uniquement pour les groupes et sur rendez-vous.

❷ Pour une pause déco : Living Room

Cet espace mêlant cantine chic et magasin de déco s'est installé, avec sa terrasse, sur une agréable place plantée. Profitant du confort d'un mobilier dans l'air du temps, proposé à la vente, on déguste des quiches maisons, des tartines et des soupes qui suivent l'inspiration du moment... et les prix du quartier (club saumon 11,50 €) !

8, place Jean-Rey • ☎ 0493 182 774 (mob.) • www.livingroomdesign.eu • Lun.-ven. 8h-18h, sam.-dim. 10h-18h.

❸ PARC LÉOPOLD*

Ce parc d'agrément à l'anglaise fut aménagé sous le règne de Léopold Ier. Il est riche de grands arbres exotiques, dont un platane d'Orient. À la fin du XIXe s. l'université de Bruxelles décida de créer dans le parc une Cité des sciences, et s'entoura d'architectes de renom comme Jules-Jacques Van Ysendyck, Constant Bosmans et Henri Vandeveld pour l'ériger. L'un des bâtiments les plus connus subsistant de cette époque est l'élégante bibliothèque Solvay, qui sert désormais de lieu de conférences.

Parc Léopold 60-61 • Entrées rue Vautier, chaussée d'Etterbeek, avenue de Maelbeek et place Jean Rey. • T.l.j. 24h/24 • Accès libre.

❹ MAISON DE L'HISTOIRE EUROPÉENNE*

La maison de l'Histoire européenne s'intéresse aux différentes étapes de la construction européenne. Elle en replace les temps forts dans un contexte international plus large et s'interroge sur leurs impacts sur la vie des Européens. Quatre niveaux de ce bâtiment des années 1930 sont dévolus à la collection permanente et ses souvenirs du XXe s. Des expositions temporaires viennent s'inscrire dans la volonté de débat autour de l'institution.

Parc Léopold, bâtiment Eastman • www.europarl.europa.eu/visiting/fr/bruxelles/maison-de-l-histoire-europeenne • Lun. 13h-18h, mar.-ven. 9h-18h, sam.-dim. 10h-18h ; f. 1er janv., 1er mai, 1er nov., 24-25 et 31 déc. • Accès libre.

❺ PARLEMENT EUROPÉEN*

C'est à Strasbourg que sont votées la plupart des lois européennes, mais c'est ici que les parlementaires travaillent au quotidien et débattent. Un commentaire audio de 30 min vous permettra de découvrir l'hémicycle et les principaux points d'intérêt de ce siège du pouvoir. Lors des séances plénières (consultez le calendrier en ligne), les visiteurs de plus de 14 ans peuvent assister à une heure de session, mais le nombre de places est plus limité.

60, rue Wiertz • ☎ 02 284 21 11 • www.europarl.europa.eu • Vis. de l'hémicycle (bâtiment Paul-Henri Spaak, entrée visiteurs) : lun.- jeu. à 9h, 10h, 11h, 14h, 15h et 16h, ven. à 9h, 10h et 11h (visites juil.-août lun.-jeu. 9h-12h et 14h-16h, ven. 9h-12h) ; pièce d'identité obligatoire • Accès libre.

❻ PARLEMENTARIUM*

Comment s'est construite l'Europe ? À quoi sert-elle ? Qui nous représente ? Au travers de salles thématiques et interactives, le Parlementarium entend faire comprendre les rouages de l'Europe à tous les publics curieux. Le musée propose même de se glisser dans la peau d'un parlementaire, grâce à un cinéma à 360°.

60, rue Wiertz • www.europarl.europa.eu/visiting/fr/bruxelles/parlamentarium • Lun. 13h-18h, mar.-ven. 9h-18h, sam.-dim. 10h- 18h ; f. 1er janv., 1er mai, 1er nov., 24-25 et 31 déc. • Accès libre.

❼ MUSÉE WIERTZ*

« Être Rubens ou n'être rien », telle était la devise du peintre Antoine Wiertz (1806-1865), qui réussit à se faire offrir un atelier de travail par l'État belge. Devenu musée, le bâtiment à l'imposante verrière présente désormais les œuvres de l'artiste romantique, influencé par les primitifs flamands mais aussi par les maîtres de la Renaissance.

62, rue Vautier • ☎ 02 648 17 18 • www.fine-arts-museum.be • Mar.-ven. 10h-12h et 12h45-17h ; 1er janv., 2e jeu. de janv., 1er mai, 1er nov., 11 nov., 25 déc. • Accès libre.

Musée Wiertz

❽ INSTITUT ROYAL DES SCIENCES NATURELLES*

Ouvert en bordure du parc Léopold en 1891, dépoussiéré avec talent dans les années 2000, ce musée doté d'une muséographie moderne ravira les publics de tous âges.

Des pierres et des hommes

Minéraux d'exception, coquillages par milliers, fossiles... Les milliards d'années d'existence de la Terre se découvrent au fil des différentes salles de ce musée qui s'intéresse tout particulièrement à l'évolution du vivant, des formes de vie primitive à l'homme, auquel est dédié une remarquable galerie.

Galerie des dinosaures

Les iguanodons de Bernissart sont les pièces les plus marquantes de l'aile consacrée aux dinosaures. Déployée sur plus de 3 000 m², la Galerie des dinosaures présente d'impressionnants squelettes de ces géants du Jurassique et s'intéresse à leur évolution, ainsi qu'à leur mode de vie. Une autre salle permet de se familiariser avec une espèce moins connue : les mosasaures, des lézards géants contemporains de l'époque des tyrannosaures.

29, rue Vautier • ☎ 02 627 42 11 • www.naturalsciences.be • Mar.-ven. 9h30-17h, sam.-dim. 10h-18h ; vacances scolaires belges : t.l.j. 10h-18h • Entrée : musée 7 € ; musée + exposition 9,50 € ; accès libre 1er mer. du mois à partir de 13h.

Institut royal des sciences naturelles

Capitale européenne

Ville-marché née il y a plus d'un millénaire, centre de l'Europe, capitale d'un État qui se consume en querelles linguistiques... Qu'aurait été l'avenir de Bruxelles sans le traité de Rome en 1957 ? Elle s'est offert l'Europe parce qu'elle ne pouvait rester simplement Bruxelles, isolée entre la Wallonie et la Flandre. Mais il y a un revers à la médaille : boom immobilier, dépopulation, engorgement routier, autant de raisons qui expliquent certaines critiques que l'on peut entendre ici et là.

STRASBOURG OU BRUXELLES ?

L'enjeu est de taille, car les retombées économiques générées par les institutions européennes et les activités liées à leur présence rapportent à Bruxelles environ 1,6 milliard d'euros par an. Raison majeure pour laquelle Strasbourg n'est pas prête à lâcher ses eurodéputés ! Pourtant, Bruxelles s'est dotée de toute l'infrastructure nécessaire pour les accueillir. Outre le vieux **Berlaymont** dans sa nouvelle robe de verre, on a inauguré en 1995 le **Lex,** énorme bunker en granit de 200 000 m^2, siège des services du Conseil de l'Europe ; et en 1997, le nouvel hémicycle du **Parlement** pour les sessions supplémentaires, un monstre de 600 000 m^2 pour accueillir les 751 députés représentant les 28 États membres de l'Union. Enfin, en 2016, le nouveau siège du Conseil européen et du Conseil de l'UE est inauguré dans le bâtiment **Europa.**

Quartier de l'Europe, place du Luxembourg

UNE COHABITATION PARFOIS DIFFICILE

On a beau répéter aux Bruxellois que la présence de la Commission européenne est une bénédiction, certains d'entre eux restent suspicieux. Les Bruxellois estiment que les avantages octroyés aux fonctionnaires sont disproportionnés par rapport à leurs salaires et aux impôts très lourds qu'ils doivent acquitter. Le clivage entre les deux parties est donc difficile à surmonter. Cependant la présence des fonctionnaires européens a permis de dynamiser l'hôtellerie, la restauration et le commerce bruxellois.

Drapeaux européens devant le Berlaymont

ESPÈCE D'ARCHITECTE !

En architecture, la « bruxellisation » est devenue synonyme de destruction du tissu urbain, un mot qui stigmatise l'attitude des politiciens belges qui, pour construire du neuf, détruisent l'ancien. Il n'y a donc malheureusement que l'embarras du choix lorsqu'il faut décerner le prix annuel du « bulldozer d'or » au destructeur de patrimoine le plus redoutable. On comprend pourquoi ici « *archietek* » est devenu une injure ! Cependant, c'est essentiellement le quartier européen qui est touché par cette modernisation architecturale, et certains quartiers de Bruxelles, comme le centre-ville, restent préservés.

VERS UN RENOUVEAU ?

Le **quartier Léopold** (D3/E3), le plus prisé par la bourgeoisie vers 1850, a disparu sous les coups de pelleteuse : les belles maisons de maître ont fait place à de laides et massives tours postmodernes, construites sans plan d'ensemble et reliées par des passerelles aériennes. Un véritable jeu de piste pour les fonctionnaires européens... Le **quartier européen** est également décrié par les Bruxellois. L'Union européenne et la Région bruxelloise ont donc fait appel à l'architecte **Christian de Portzamparc** pour relifter la rue de la Loi. Un gigantesque chantier est en cours. Au programme : moins de bâtiments, de la verdure, une ligne de tramway...

Une priorité : la vitesse

Depuis 1835, date à laquelle Bruxelles s'offre le premier chemin de fer européen, les politiciens ont eu pour ambition d'en faire une plaque tournante. En 1900, on rase des quartiers entiers pour réaliser la fameuse jonction entre les gares du Nord et du Midi. Un chantier d'un demi-siècle, commencé sous Léopold II et inauguré sous Baudouin en 1952 ! Les gares en sont à leur troisième lifting pour accueillir le TGV, les rings qui ceinturent la ville et les voies rapides devraient en rendre l'accès plus facile, mais au bout de l'autoroute, aucune signalisation pour indiquer au voyageur perdu la direction du centre-ville...

12 Le Cinquantenaire ET LA MAISON CAUCHIE

Restos & bistrots p. 128 | Bars & clubs p. 155

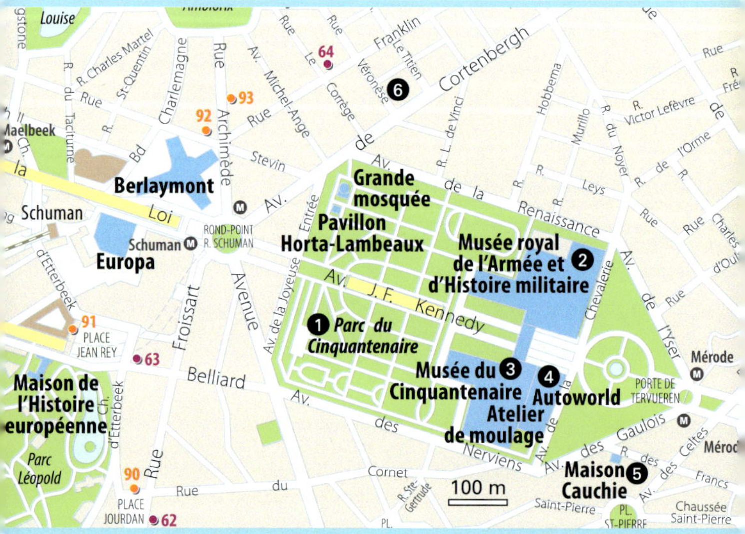

Pour fêter le cinquantième anniversaire de la révolution de 1830, Léopold II vit grand: un arc de triomphe, un parc, un palais des expositions et une large avenue! L'ambitieux projet, inauguré vingt-cinq ans plus tard, contribua à la naissance d'un quartier résidentiel recherché par la grande bourgeoisie installée dans de somptueux hôtels particuliers. Les musées, dans leur écrin de verdure, méritent de s'y attarder.

❶ PARC DU CINQUANTENAIRE***

Ce jardin à la française de 34 ha abrite de nombreuses sculptures, mais aussi la grande mosquée de Bruxelles ainsi qu'un bâtiment signé Horta, le pavillon des Passions humaines, un édifice aux allures de temple classique qui cache les prémices de l'Art nouveau et renferme le

Parc du Cinquantenaire

tourmenté relief en marbre éponyme de Jef Lambeaux.

Entrées avenue de la Joyeuse-Entrée, avenue de la Renaissance et avenue des Nerviens.
Parc du Cinquantenaire : t.l.j. 24h/24 • Accès libre.
Pavillon Horta-Lambeaux : mer.- 14h-16h, sam.-dim. 14h-16h45 • Billetterie au musée du Cinquantenaire • www.kmkg-mrah.be • Entrée : 2,50 €.

❷ MUSÉE ROYAL DE L'ARMÉE ET D'HISTOIRE MILITAIRE**

Inauguré en 1923, ce musée présente notamment des armes et armures anciennes et couvre 10 siècles d'histoire et de techniques militaires. La section « Air et Espace » est sans doute la plus étonnante, avec ses 80 machines volantes, dont une Caravelle suspendue fendant les airs et, au sol, un DC3, des bombardiers et différents types de chasseurs qui semblent prêts à décoller ! Les salles voûtées consacrées au Moyen Âge, la collection d'uniformes de la guerre 1914-1918, les trois niveaux dédiés à l'entre-deux-guerres et à la Seconde Guerre mondiale, ainsi que la salle des Trésors de la Russie impériale captiveront tout autant les amateurs.

3, parc du Cinquantenaire • ☎ 02 737 78 11 • www.klm-mra.be • Mar.-dim. 9h-17h ; f. 1er janv., 1er mai, 1er nov. et 25 déc. • Entrée : 5 € (paiement par carte bancaire slmt).

❸ MUSÉE DU CINQUANTENAIRE***

Il vous faudra faire un choix parmi les collections du plus important musée de Belgique, qui expose des objets venant du

Musée du Cinquantenaire

monde entier allant des momies égyptiennes aux porcelaines de Delft. Ne manquez pas les retables brabançons, la grande colonnade d'Apamée, le moai de l'île de Pâques, le somptueux manteau de l'ethnie tupinamba (Brésil) en plumes d'aras ni l'idole chimú (Pérou) dont s'inspira Hergé pour *L'Oreille cassée*.

Atelier de moulage

Cette dépendance atypique du musée conserve plus de 4 000 moules d'œuvres majeures de la sculpture, depuis la préhistoire jusqu'au XVIIIe s. L'atelier réunit le *Discobole* de Myron, la *Victoire de Samothrace* et le *David* de Michel-Ange sous le même toit ! Et les amateurs peuvent même y commander la reproduction en plâtre de leur sculpture préférée !

10, parc du Cinquantenaire • ☎ 02 741 73 02 (résa), 02 741 73 31 (infos) • www.kmkg-mrah.be • Mar.-ven. 9h30-17h, sam.-dim. 10h-17h ; f. 1er janv., 1er mai, 1er nov., 11 nov. et 25 déc. • Entrée : 8 € ; accès libre 1er mer. du mois 13h-17h.

Atelier de moulage : ☎ 02 741 72 94 • Mar.-ven. 9h30-12h et 13h30-16h ; vis. guidées mar. et jeu. sur résa ; f. j.f., 25 déc.-3 janv., 2 et 15-16 nov. • Accès libre.

❹ AUTOWORLD★★

Avant la Seconde Guerre mondiale, l'automobile était l'un des fleurons de l'industrie belge, qui comptait

Autoworld

des marques aussi célèbres que Minerva, Imperia, Germain ou Vivinus. Sous l'immense verrière de la halle Bordiau sont exposés plus de 300 véhicules, tous en état de marche. Il s'agit là de l'une des plus prestigieuses collections en Europe. Vous pourrez revivre l'histoire de la 2 CV, de la Coccinelle, de la Tatra tchèque, mais aussi voir des modèles de célébrités comme la Minerva 1910 du roi Albert Ier ou la Citroën de Gaston Lagaffe. Une section consacrée aux sports automobiles expose de magnifiques voitures de compétition.

11, parc du Cinquantenaire • ☎ 02 736 41 65 • www.autoworld.be • Avr.-sept. : t.l.j. 10h-18h ; oct.-mars : lun.-ven. 10h-17h, sam.-dim. 10h-18h ; f. 1er janv. et 25 déc. • Entrée : 10 € (9 € en ligne).

❺ MAISON CAUCHIE★★★

Grâce à ses propriétaires Guy et Léo Dessicy, on peut aujourd'hui visiter la maison que l'architecte, peintre et décorateur Paul Cauchie se fit construire en 1905. On lit dans ce joyau de l'Art nouveau l'influence de l'école de Glasgow et la rigueur du style de Mackintosh.

❻ Pour une pause *healthy* : Henri & Agnès

Dans cette cantine cosy, c'est souvent bio, local si possible et toujours excellent ! Pas d'esbroufe, juste des explosions de saveurs retrouvées. Le dimanche, les produits frais succombent à la folie du brunch et se déclinent en planchette froide et plat chaud pour 25 € (boissons incluses). La cerise sur le gâteau ? Une terrasse sur les toits.

48, rue Véronèse • ☎ 0471 222 802 (mob.) • www.henrietagnes.com • Lun-ven. 11h30-15h.

Une signature

Dans cette maison-atelier, Cauchie a exposé son art et a montré qu'il préférait la géométrie des formes aux courbes abstraites, fluides et végétales de Victor Horta. Il a également su redonner au décor pictural et à l'architecture d'intérieur leurs lettres de noblesse.

Les sgraffites

Les sgraffites créés pour cette maison sont d'une rare beauté. En façade, tous - à l'exception de la muse de l'Écriture portant la devise *Par nous pour nous*, de Paul et Lina Cauchie - ont été déposés puis reposés après restauration. Ce fut une première en Belgique. Ces peintures murales inspirées par les dessins préraphaélites et représentant des muses stylisées ont su mettre en valeur l'entourage d'une fenêtre arrondie.

L'intérieur

Lors de la restauration, de magnifiques sgraffites ont été découverts sous le papier peint des murs de la salle à manger. Un simple nettoyage a suffi pour faire apparaître les couleurs d'origine. Certains éléments du mobilier ont été retrouvés dans la cave, et des documents anciens ont permis de reconstituer un bel ensemble.

5, rue des Francs • ☎ 02 733 86 84 • www.cauchie.be • 1er w.-e. du mois 10h-13h et 14h-17h30 ; f. 1er janv. et 25 déc. • Entrée : 7 €.

Maison Cauchie

13 Laeken, parc royal ET ATOMIUM

Restos & bistrots p. 128

Commune de résidence de la famille royale, qui y a établi son palais, Laeken fut l'autre terrain de jeux de Léopold II, auquel on doit la création de ce gigantesque poumon vert. Le domaine royal offre d'innombrables balades et une jolie vue sur la ville que l'on contemple encore mieux depuis le futuriste Atomium.

❶ ATOMIUM★★★

Érigé pour l'Exposition universelle de 1958, l'Atomium échappa au démontage après l'événement. Circuler au cœur de l'atome étant à ce jour une expérience inédite, on s'y engouffre avec un certain frisson !

Revivre

L'Expo de 1958 était le premier rassemblement international

d'envergure après la Seconde Guerre mondiale. L'heure était à la paix, à la recherche d'un monde meilleur et à la foi en la science. Pour symboliser cette ferveur, l'ingénieur André Waterkeyn reproduisit la structure élémentaire d'un cristal de fer, grossie 165 milliards de fois : les neuf boules correspondent à un cube posé sur une pointe... Suite à la rénovation, la couverture des sphères est composée d'acier inoxydable et ceinturée de 2 970 ampoules LED faisant étinceler les courbes du monument à la nuit tombée.

Contempler

Vous apercevrez ce géant métallique depuis divers lieux de la capitale. S'il faut compter une trentaine de minutes pour arriver au pied de l'édifice en empruntant le métro depuis le centre-ville, la vue offerte sur Bruxelles et sa périphérie, depuis ses 102 m de haut, vaut le détour. Vous pourrez déjeuner ou dîner à l'Atomium (p. 128), le restaurant panoramique lové dans la sphère la plus haute.

Apprendre

Les sphères sont autant de niches pédagogiques abritant des expositions. L'histoire de l'Exposition universelle de 1958, agrémentée de photos et de maquettes des monuments détruits, est permanente. Les projets les plus fantaisistes y côtoient des bijoux d'architecture éphémères. Le reste du bâtiment est consacré à des expositions temporaires sur la science, le patrimoine culturel belge, le design et l'architecture.

Square de l'Atomium • ☎ 02 475 47 75 • www.atomium.be • T.l.j. 10h-18h (f. des caisses à 17h30) ; horaires restreints 1er janv. et les 24, 25 et 31 déc. • Entrée : 12 € (17 € le billet groupé avec l'ADAM, ci-dessous, possibilité d'achat du billet en ligne).

❷ ADAM - BRUSSELS DESIGN MUSEUM*

À 100 m de l'Atomium, le musée du Design de Bruxelles offre un regard original sur l'histoire des techniques, goûts et idées de 1960 à nos jours. Il présente l'exceptionnelle collection du Plasticarium composée de 2 000 objets, tous en plastique. Des expositions

❸ Pour une pause *brusseleir* : Skievelat

Moules marinières, américain-frites (14 €), carbonnade flamande (14 €), boulettes à la gueuze et chicons... aucune spécialité belge ne manque à la carte de cet établissement. Si vous avez du mal à choisir, optez pour le plateau bruxellois (16,50 €), un assortiment de trois spécialités ! Les amateurs d'en-cas plus légers pourront choisir parmi les tomates-crevettes, salades (14-18 €) et pâtes.

49, rue de Wand • ☎ 02 268 45 71 • www.skievelat.be • Lun.-jeu. 12h-14h30 et 18h-23h, ven.-sam. 12h-14h30 et 18h-minuit, dim. 18h-23h.

temporaires, consacrées aux grands noms du design viennent compléter l'exploration de ce matériau « fantastique ».

1, place de Belgique • ☎ 02 669 49 29 • www.adamuseum.be • Mer.-lun. 10h-18h ; horaires restreints 1er janv. et 24, 25 et 31 déc. • Entrée : 10 € (17 € le billet groupé avec l'Atomium).

❹ DOMAINE ROYAL DE LAEKEN**

Serres royales de Laeken

Conçus en 1873 par Alphonse Balat, ces vastes édifices de verre et de métal furent une véritable prouesse technique pour l'époque. Elles marquèrent si bien les esprits qu'elles inspirèrent l'architecture Art nouveau, Victor Horta ayant été l'élève de Balat. Elles abritent aujourd'hui une collection époustouflante d'essences et de plantes rares qui chaque année, lors de l'ouverture printanière au public, attire les foules.

Château de Laeken

Le lieu de résidence de la famille royale fut construit entre 1782 et 1784, avant l'indépendance du pays, d'après les plans de Charles De Wailly. Modifié par Guillaume Ier, le bâtiment fut surtout façonné sous le règne de Léopold II. Suite à un incendie en 1890, il engagea Alphonse Balat pour restaurer le palais dans un style Louis XVI, puis Charles Girault pour ajouter les ailes en « U » (1902). En tournant le dos au palais, au bout de l'allée, vous apercevrez le mémorial néogothique qui honore la mémoire du premier roi des Belges, Léopold Ier.

Musées d'Extrême-Orient

Pour des raisons de sécurité, les musées d'Extrême-Orient - la Tour japonaise, le Pavillon chinois et le musée d'Art japonais - sont fermés au public pour rénovation. Impossible donc de découvrir leurs collections de porcelaines chinoises et d'estampes japonaises, mais en attendant une réouverture prochaine, admirez ces exemples d'architectures asiatiques traditionnelles qui furent parmi les dernières grandes réalisations du roi Léopold II. C'est à l'architecte français Alexandre Marcel, dont les réalisations présentées à l'Exposition universelle de Paris en 1900 avaient séduit le souverain belge, que l'on doit ces silhouettes exotiques au cœur du domaine royal de Laeken.

Avenue du Parc-Royal • www.monarchie.be
Serres royales : de mi-avr. à 1re sem. de mai : mar.-dim. • **Entrée :** 2,50 €.
Château royal : f. au public.
Musées d'Extrême-Orient : 44, avenue Van Praet • www.kmkg-mrah.be • F. pour rénovation.

❺ PARC JEAN-SOBIESKI ET JARDINS DU FLEURISTE★★

Derrière le grand aplat de vert de la carte se cachent en fait différents espaces. Parmi eux, notons principalement les jardins du Fleuriste, un espace didactique autour de l'art des jardins, ainsi que leur voisin, le parc Jean-Sobieski. Ancien jardin fruitier du parc royal transformé en lieu de promenade, il mêle clins d'œil à l'histoire du lieu et un plan d'eau peuplé d'ouettes d'Égypte.

Vous souhaitez poursuivre la balade champêtre ? Engagez-vous sur la Promenade verte, une boucle de 60 km autour de Bruxelles à parcourir à pied ou à vélo.

Entrées avenue Jean-Sobieski, avenue des Robiniers et rue Médori • Avr. : t.l.j. 8h15-18h ; mai-août : t.l.j. 8h15-20h ; sept. : t.l.j. 8h15-19h ; oct.-mars : t.l.j. 8h15-17h • Accès libre.

❻ CIMETIÈRE DE LAEKEN★★

Si le « Père-Lachaise bruxellois » plonge ses racines au Moyen Âge, il est célèbre avant tout pour ses personnalités du XIXe s. et ses œuvres funéraires. Parmi elles, l'un des vingt-cinq originaux de bronze du *Penseur* d'Auguste Rodin sur la tombe du marchand d'art Joseph Dillen (pelouse 9A, Grande Avenue, concession B95). C'est ici que furent enterrés Joseph Poelaert ou encore Fernand Khnopff. Les membres de la famille royale reposent quant à eux dans la crypte de l'église Notre-Dame de Laeken.

Parvis Notre-Dame • ☎ 02 279 33 10 (Éco-conseil de la Ville de Bruxelles ; lun.-ven. 9h-12h et 14h-16h) • Mar.-dim. 8h30-16h • Accès libre.
Crypte royale : 1er dim. du mois 14h-17h et 17 fév., 31 juil., 29 août, 25 sept., 1er et 15 nov., 5 déc.

Serres royales de Laeken

Restos & bistrots

PAR QUARTIER

Les coups de cœur DE NOTRE AUTEUR 2018

Bruxelles a le palais bien affûté et de la créativité sous la fourchette ! Entre nouvelles adresses monomaniaques et valeurs sûres qui font le charme de la ville, voici les coups de cœur savoureux et conviviaux de notre auteur.

KNEES TO CHIN

Une cantine spécialisée dans les rouleaux de printemps : ma pause « saveur asiatique » dans le quartier du Châtelain. Voir p. 74.

SAN

Une adresse hyper inventive du chef étoilé Sang-Hoon Degeimbre : pour flatter son palais sans se ruiner. Voir p. 109.

Knees to Chin

Le Wine Bar

LA MER DU NORD

Quelques huîtres, un verre de vin blanc : mon plaisir iodé place Sainte-Catherine dès le premier rayon de soleil. Voir p. 40.

LE WINE BAR

Une cave de haute volée, une ambiance chaleureuse et des plats généreux : ma recette bonheur dans le quartier des Marolles. Voir p. 117.

KING KONG

Pour mes envies de dépaysement : une cuisine sobre et relevée aux accents du Pérou. Voir p. 121.

À SAVOIR

AU MENU

Si le duo **moules-frites** est mondialement célébré, il est bien loin de résumer toute la gastronomie bruxelloise ! Jetez un œil aux cartes et essayez le ***stoemp*** (pommes de terre écrasées et mariées à des légumes, un boudin, de la saucisse ou du lard) ou encore le ***waterzoi,*** originaire de Gand (sorte de bouillon de poulet ou de poisson aux légumes). Du **pain de veau** au **lapin à la bière** en passant par les **poissons** de la mer du Nord, les menus reflètent une variété insoupçonnée. Sans oublier les croquettes de crevettes qui s'invitent à toutes les tables. Parmi les douceurs, il faudra goûter aux **gaufres** de Bruxelles, bien sûr, mais aussi aux délicieuses **pralines** et aux **cuberdons,** ces petits bonbons en forme de cône aromatisés à la framboise.

FAIRE SON CHOIX

Dans une **ville cosmopolite** comme Bruxelles, on peut faire un tour du monde des papilles. Faire son choix n'est pas chose aisée, aussi faut-il avant tout retenir trois règles : un restaurant vide à 20h est plutôt mauvais signe, un décor très mode est rarement synonyme de bonne chère et les natures mortes étalées devant les établissements près de la Grand-Place annoncent le piège à touristes ! Si vous ne savez pas où aller, dirigez-vous vers la jolie place du Châtelain, qui regorge de bons restaurants branchés (quartier 9) !

EN PRATIQUE

Les Bruxellois mangent généralement tôt, vers midi et 19h. La cuisine des restaurants ferme vers 14h, puis, le soir, entre 22h30 et 23h30. Si de nombreux restaurants ferment le samedi midi et le dimanche, on trouve tout de même de bonnes tables ouvertes le week-end. Côté prix, ils s'entendent avec le service de 15 % inclus, mais il est d'usage de laisser un **petit pourboire**. À quelques exceptions près, vous pourrez régler avec une carte bancaire.

SE REPÉRER

Chaque adresse de restaurant est associée à une pastille orange numérotée. Vous retrouverez toutes les adresses positionnées sur le plan détachable.

Restos & bistrots
PAR QUARTIER

Autour de la Grand-Place, l'Îlot sacré (Quartier 1 - p. 24)

Manhattn's

MANHATTN'S
Burgers ① Plan H7

Par son nom, l'établissement entend-il rappeler que c'est un Belge qui fut à l'origine de l'achat de l'île de Manhattan aux Indiens ? Il compose en tout cas avec le meilleur de la tradition burger des États-Unis : buns onctueux, fromage parfaitement fondu, steak de bœuf irlandais… sans compter l'expertise locale de frites !

39, rue Henri-Maus, M° Bourse • ☎ 02 502 88 42 • www.manhattns.com • T.l.j. 11h30-22h30 • Formules sandwich, frites et boisson à partir de 14 €, burgers à partir de 9 €.

LES GENS QUE J'AIME
Sur le pouce ② Plan H7

Voilà une bonne cantine de quartier dans une ambiance cosy et rétro tout juste ce qu'il faut pour ne pas tomber dans le cliché bobo. Derrière ses baies vitrées, les habitués s'y relaient pour déjeuner, lire la presse ou s'offrir une pause café. Une petite restauration diversifiée et de qualité.

15, rue du Midi, M° Bourse • ☎ 02 523 28 76 • Mar.-dim. 11h45-14h et 18h-21h30 • Quiches, salades, bagels 8,50-12,50 €.

Les Gens que j'aime

Choosy

CHOOSY
Sur le pouce ③ Plan H7

Ambiance cantine de filles pour cette table vitaminée installée au cœur du quartier des boutiques tendance. Si vous n'êtes pas à la recherche d'un repas roboratif, laissez-vous séduire par les jus de fruits frais, soupes, tartines et salades... et observez les allées et venues des habitués et des copines passant au comptoir relater leurs dernières aventures.

40, rue des Pierres, M° Bourse • ☎ 02 502 27 34 • www.bechoosy.be • Lun.-ven. 10h-16h, sam. 11h-18h • Formule à 10,50 € (jus, soupe et tartine).

LE ROY D'ESPAGNE
Estaminet ④ Plan H7

Ce célèbre café de la Grand-Place doit son nom au trophée du roi Charles II, dernier des Habsbourg d'Espagne, placé en façade. Avec son architecture italianisante ostentatoire, son dédale d'escaliers, ses vitraux, ses lambris et sa curieuse décoration de vessies de porc, l'ancien siège de la guilde des boulangers est un des cafés les plus prisés pour boire une bière belge (de 3 à 16,80 €) accompagnée d'un snack dans un décor historique.

1, Grand-Place, M° Bourse • ☎ 02 513 08 07 • www.roydespagne.be • T.l.j. 8h-minuit • Plats : 16-25 €.

NÜETNIGENOUGH
Cuisine belge ⑤ Plan H8

Inutile de savoir prononcer le nom de ce restaurant pour s'y attabler ! « Nüetnigenough », l'un des meilleurs gastro belge de la ville, ça veut dire quelque chose comme « jamais pas assez ». Si l'on en sort rassasié, on redemande une dose de cette ambiance hors du temps, ces avisés conseils houblonnés et ces plats simples parfaitement exécutés, à l'image des boulettes de veau à la gantoise (16 €).

25, rue du Lombard, M° Bourse • ☎ 02 513 78 84 • www.nuetnigenough.be • Lun.-ven. 17h-23h et sam.-dim. dès 12h • Plats : 16-21 €.

KOKOB
Cuisine éthiopienne ⑥ Plan H8

Kokob est une perle d'exotisme raffiné à deux pas de la Grand-Place. Le dépaysement est garanti avec ce restaurant éthiopien qui allie modernité du cadre et tradition dans l'assiette. Aux fourneaux, des Éthiopiennes, en salle, des passionnés. Oubliez les fourchettes, ici on mange avec des *injera,* des petites crêpes, en piochant dans un grand plateau au centre de la table. En fin de repas, optez pour un café torréfié sur place : on vous fera d'abord humer les grains verts et il vous sera servi accompagné d'encens, pour un condensé de rituel envoûtant.

10, rue des Grands-Carmes, M° Anneessens ou Bourse • ☎ 02 511 19 50 • www.kokob.be • Lun.-ven. 18h-23h, sam. 12h-15h et 18h-23h30, dim. 12h-15h et 18h30-23h • Menus : 20-30 € (cocktail offert si vous réservez).

LE CERCLE DES VOYAGEURS
Cuisine du monde ⑦ Plan H8

Une fois franchie la porte de cet hôtel de maître du XVIIe s., on est plongés dans un décor digne des Indes anglaises avec palmiers et confortables fauteuils club. C'est le rendez-vous des bourlingueurs et des rêveurs pour picorer midi et soir une cuisine qui mélange les saveurs et les épices du monde entier. Le lieu idéal pour bouquiner, discuter, découvrir un vin d'ailleurs, préparer son prochain voyage dans la bibliothèque, écouter un concert (mar. et jeu. soir) ou découvrir l'expo du moment !

18, rue des Grands-Carmes, M° Bourse • ☎ 02 514 39 49 • www.lecercledesvoyageurs.com • T.l.j. 11h-minuit (service 12h-14h30 et 18h-22h30) • Formule midi : 15,90 € ; plats : 18-30 €.

LA TABLE DE MUS
Cuisine contemporaine ⑧ Plan H8

Après avoir fait ses armes dans différents établissements cotés de la ville, le maître d'hôtel Mustafa Ducan a ouvert son propre restaurant. On y sert une cuisine créative, inspirée de produits nobles. Elle est orchestrée de main de maître, depuis la cuisine ouverte, par le chef Khaled Bouhamidi. Le duo complice

s'était rencontré au Jaola, un ex-étoilé de la capitale. Les menus 3 à 6 services varient selon les arrivages et l'inspiration du jour.
31, place de la Vieille-Halle-aux-Blés, M° Anneessens • ☎ 02 511 05 86 • www.latabledemus.be • Lun.-mar., jeu.-sam. 12h-14h et 19h-22h • Menus : 36-66 € (54-110 € vin compris).

LA TAVERNE DU PASSAGE
Cuisine belge ⑨ Plan I7

Personne ne peut prétendre connaître Bruxelles s'il ne s'est pas attablé dans cette vénérable brasserie Art déco pour y manger de sublimes croquettes aux crevettes. Quelques beaux flacons et de bonnes spécialités belges et françaises (de 18 à 33 €), mais un service qui a malheureusement un peu baissé ces derniers temps.
30, galerie de la Reine, M° Gare-Centrale • ☎ 02 512 37 31 • www.taverne-du-passage.be • Mar.-dim. 12h-minuit.

Aux armes de Bruxelles

AUX ARMES DE BRUXELLES
Cuisine belge ⑩ Plan I7

Une institution où l'on sert de l'authentique cuisine du terroir, c'est-à-dire surtout de la volaille et du poisson de la mer du Nord, mais aussi des carbonnades de bœuf à la gueuze ou des croquettes de crevettes. Goûtez sans tarder le *waterzoi* de homard.
13, rue des Bouchers, M° De Brouckère • ☎ 02 511 55 50 ou ☎ 02 511 55 98 • www.auxarmesdebruxelles.com • Lun.-ven. 12h-22h45, sam. 12h-23h15, dim. 12h-22h30 ; f. 3 dernières sem. de juil. et 1re sem. d'août • Formule midi (lun.-ven.) : 22,90 € ; menu : 42,90 € (boisson non comprise).

L'OGENBLIK
Cuisine belgo-française ⑪ Plan I7

À l'angle de la galerie royale Saint-Hubert, l'une des tables les mieux cotées du quartier et qui compte une clientèle d'artistes. Une très savoureuse cuisine belgo-française de saison, qui varie tous les jours selon le marché, avec quelques valeurs sûres comme le mille-feuille de saumon, homard et queues d'écrevisses, et le ris de veau grillé. C'est un peu cher, mais la grande gastronomie a un prix…
1, galerie des Princes, M° De Brouckère • ☎ 02 511 61 51 • www.ogenblik.be • Lun.-sam. 12h-14h30 et 18h30-minuit ; f. midi les j.f., et 1er-15 août • Menus : 48-60 €.

Le meilleur
DE LA CUISINE BELGE

Si elle n'est pas réputée pour sa légèreté et sa finesse, la gastronomie belge charmera les amateurs de produits simples, transformés en plats « familiaux » réconfortants. Gourmande et humble, elle oscille entre tradition et déclinaisons modernes. Dans les sauces ou subtilement associée, la bière n'est jamais loin !

Frit Flagey

AU VIEUX SAINT-MARTIN

La référence chic au Sablon pour un traditionnel filet américain, à la table de personnalités internationales. Voir p. 115.

NÜETNIGENOUGH

Une adresse typique et sans chichis proche du Manneken-Pis pour découvrir les classiques belges accompagnés d'une bonne bière. Voir p. 103.

VIVA M'BOMA

Une décoration de boucherie contemporaine pour une cuisine bistronomique du cru à deux pas de la place Sainte-Catherine. Voir p. 109.

FRIT FLAGEY

L'incontournable cornet de frites, que l'on déguste en flânant sur les berges des étangs d'Ixelles. Voir p. 125.

Café Georgette

CAFÉ GEORGETTE
Cuisine belge ⑫ Plan I7

Si l'enseigne rend hommage à Magritte et son épouse, c'est à la gastronomie belge que l'établissement fait honneur. Du cadre à l'assiette, tout est dépoussiéré, modernisé et réinterprété, mais l'inspiration est plutôt flamande avec croquettes aux crevettes (14,90 €). Si votre palais a des envies d'ailleurs, large choix de tartares et de burgers (14,90-23,90 €). Et si vous préférez manger sur le pouce, optez pour la friterie du restaurant, sur le coin près de l'entrée (vente à emporter et petite terrasse).

37/39, rue de la Fourche, M° De Brouckère • ☎ 02 512 18 12 • www.cafegeorgette.be • T.l.j. 12h-minuit • Plats : 12,90-28 €.

À LA BÉCASSE
Cuisine belge ⑬ Plan H7

Envie d'un bon lambic avec des tartines au fromage blanc (5,20-9,50 €) ? Engagez-vous dans cette impasse au fond de laquelle se cache un estaminet où étincellent les tonneaux de cuivre. Ouvert depuis 1877, il est un des derniers établissements où l'on débite du lambic et de la kriek au fût (p. 156). Servi dans des pichets en grès, le lambic doux ou blanc tape fort si l'on en croit le curieux accessoire installé dans les toilettes.

11, rue de Tabora, M° Bourse • ☎ 02 511 00 06 • www.alabecasse.com • Lun.-jeu. et dim. 11h-23h, ven.-sam. 11h-minuit • « Palette découverte » 4 verres : 6,80-13,50 € env.

VOIR AUSSI :

Peck 47 | p. 28 | ⑭ Plan H7

À la Mort Subite | p. 29 | ⑮ Plan I7

Saint-Géry, autour de la rue Dansaert (Quartier 2 - p. 32)

LES FILLES
Sur le pouce ⑯ Plan G7

Voilà un sympathique concept de table d'hôtes, cuisine ouverte, ateliers culinaires. Pas de carte, la cuisine se décline selon l'inspiration et les produits bio ou artisanaux du jour. Un

vrai régal pour les papilles et le porte-monnaie : formules déjeuner 15-19 € et formules dîner 18-29,50 €. Une cuisine « comme à la maison », conviviale et saine.
46, rue du Vieux-Marché-aux-Grains, M° Bourse • ☎ 02 534 04 83 • www.lesfillesplaisirsculinaires.be • T.l.j. 12h-14h et 18h-21h • Brunch sam.-dim. 10h-16h (22 €) • Pas d'enseigne, sonner si la porte n'est pas ouverte.

GREENWICH
Cuisine belge ⑰ Plan G7

Bien que rénové, le mythique Greenwich n'a pas pour autant perdu son âme et son ambiance fin XIXe. Les lambris aux tons vert d'eau et beige, rehaussés de dorures, répondent aux plafonds stuqués. Ce décor a inspiré plusieurs cinéastes dont, autrefois, André Delvaux. Parmi ses habitués, le peintre Magritte venait y jouer aux échecs. Aujourd'hui, la brasserie a fait quelques aménagements : la « pièce téléphone » est devenue un monte-plats qui redescend en cuisine les (rares) restes du lapin à la kriek, des boulettes sauce tomate et des frites à la graisse de bœuf. Passez devant les pissotières au sous-sol, elles sont restées dans leur jus d'origine ! On vient ici surtout pour l'ambiance et le cadre.
7, rue des Chartreux, M° Bourse • ☎ 02 540 88 78 • www.greenwich-cafe.be • T.l.j. 11h30-15h30 et 17h-1h • Classiques belges : 8-18,50 €.

DIVINO
Cuisine italienne ⑲ Plan G7

À la barre de cet excellent restaurant italien, l'ancien chef-cuisinier pour qui qualité des produits et innovation des recettes sont les maîtres mots. Les habitués réclament la pizza carpaccio, mais n'hésitez pas à piocher dans l'alléchant choix de pâtes (pizza et pâtes env. 9,50-17 €). Bonus : une cour intérieure pleine de charme.
56, rue des Chartreux, M° Bourse • ☎ 02 503 39 09 • www.divinoresto.be • Mar.-ven. 12h-14h30 et 18h30-23h (23h30 ven.), sam. 18h30-23h30, dim. 18h30-22h30.

LE PAIN QUOTIDIEN
Sur le pouce ⑳ Plan G7

Une grande table en bois blond, des murs patinés très mode, quelques pots de tomates séchées et de confiture artisanale. Le concept table d'hôtes où l'on mange de bonnes tartines

Divino

(de 9,20 à 11,30 €) ou des salades (de 14,80 à 16,10 €) a fait des émules.

16, rue Antoine-Dansaert, M° Bourse • ☎ 02 502 23 61 • T.l.j. 7h-19h (cuisines jusqu'à 18h30).

Autres adresses : 11, rue des Sablons (C3), bus 48 (arrêt Sablon) • ☎ 02 513 51 54 • Lun.-ven. 7h-19h, sam.-dim. 8h-19h (cuisines jusqu'à 18h30) • 124, avenue Louise (C4), tram 94 (arrêt Defacqz) • ☎ 02 646 49 83 • Lun.-ven. 7h-19h, sam.-dim. 8h-18h30 (cuisines jusqu'à 18h) • www.lepainquotidien.be

IN'T SPINNEKOPKE
Cuisine belge ㉒ Plan G7

Si vous ne causez pas *brusseleir*, pas de problème, on traduira ! La diligence ne s'arrête plus devant cette auberge de 1762, mais on y sert toujours une solide cuisine du terroir. Il est préférable d'aimer la bière car elle est servie généreusement dans les verres et dans les casseroles : carbonnades au lambic (16,50 €), pintadeau à la bière de framboise (18,50 €). C'est aussi un des rares endroits où l'on sert du faro.

1, place du Jardin-aux-Fleurs, M° Bourse • ☎ 02 511 86 95 • www.spinnekopke.be • Mar.-ven. 12h-14h30 et 18h30-23h, lun. et sam. 18h-23h ; f. midi j.f.

LA MANUFACTURE
Cuisine belgo-française ㉓ Plan B2

Plaisir des yeux et du palais dans le cadre des anciens ateliers de la maroquinerie Delvaux. Un métissage des matières (acier, béton, cuir) et des cuisines (française, belge et orientale). Vins du monde, vaste terrasse agréable et service voiturier pour

une clientèle plutôt BCBG. La carte change avec les saisons.
12-20, rue Notre-Dame-du-Sommeil, Tram 51 (arrêt Porte-de-Ninove) • ☎ 02 502 25 25 • www.lamanufacture.be • Lun.-ven. 12h-14h et 19h-22h30, sam. 19h-23h • Menus : 38-70 €.

VOIR AUSSI :

Am Sweet | p. 33 | ⑱ Plan G7

Sainte-Catherine, autour des quais (Quartier 3 - p. 38)

SAN
Cuisine contemporaine ㉕ Plan G6

À l'origine de ce San, Sang-Hoon Degeimbre, le chef d'origine coréenne du 2 étoiles L'Air du Temps. De l'amuse-bouche au dessert, chaque proposition répond à une contrainte : tenir dans un bol. Dans cet écrin sphérique, le homard rencontre la verveine et l'artichaut se lie au veau, souvent en une explosion de couleurs et de textures étonnantes.
19, rue de Flandre, M° Sainte-Catherine • ☎ 02 318 19 19 • www.sanbxl.be • Mar.-sam. 12h-14h et 19h-22h • Formules midi (mar.-ven. uniquement) : 28 € ; soir (t.l.j.) : 55 €.

VIVA M'BOMA
Cuisine belge ㉖ Plan G6

Cette arrière-salle conviviale d'une ancienne triperie est entièrement dédiée à la cuisine belge. À la carte, tripes et abats évidemment, mais aussi *stoemp* saucisse, *waterzoi*, *ballekes* et carbonnades flamandes. Simple, copieux, roboratif et toujours très bon, avec une addition autour de 40 €. Sans oublier, divine surprise en centre-ville, que l'on peut manger dans le jardin dès les beaux jours.
17, rue de Flandre, M° Sainte-Catherine • ☎ 02 512 15 93 • T.l.j. 12h-14h30 et 19h-22h30 • Résa conseillée.

GRAMM
Cuisine bistronomique ㉗ Plan G6

« Gramm » vient de grammaire. Ici, si on connaît les règles sur le bout des doigts pour s'éviter toute faute d'accord, on sait aussi jouer des exceptions et

Gramm

faire danser les métaphores pour des assiettes tout en poésie. Jamais de pléonasme ni de cliché, mais plutôt des associations inattendues pour une copie bistronomique qui frôle le 10/10.
86, rue de Flandre, M° Sainte-Catherine • ☎ 0495 10 18 22 (mob.) • www.grammrestaurant.be • Mar.-ven. 12h-14h et 18h30-22h, sam. 19h-22h • Lunch : 18 € ; menu 6 services : 49 €.

LE SELECTO
Cuisine bistronomique ㉘ **Plan C1**

Une adresse « bistronomie » de ripaille et compagnie, sans chichis. On choisit les tables-comptoirs de la cuisine pour manger face au chef, Olivier Morland, et son équipe. Ça frémit, ça chauffe, ça s'agite… Ça vit ! Comme dans l'assiette, que l'on déguste avec appétit : un vrai bonheur !
95-97, rue de Flandre, M° Sainte-Catherine • ☎ 02 511 40 95 • www.leselecto.com • Mar.-sam. 12h-14h30 et 19h-22h30 (23h ven.-sam.) • Lunch : 20 € ; formule duo (2 plats) : 36 € ; formule trio (3 plats) : 42 €.

BISTRO DU CANAL
Bistrot ㉚ **Plan B1**

Dans le quartier du canal qui ne cesse d'attirer projets tendance et public branché, cette jolie adresse mise sur une carte courte mais efficace. À l'ardoise, des produits du terroir (souvent français, comme le charmant patron) qui savent tantôt satisfaire les estomacs vindicatifs tantôt assouvir les besoins de légèreté. Pas de chichis, une cuisine qui va à l'essentiel : produits au top et maîtrise de la cuisson et de l'assaisonnement.
208, rue Antoine-Dansaert, M° Comte-de-Flandre • ☎ 02 511 03 60 • www.bistroducanal.be • Mar.-ven. 12h-14h et 18h30-22h30, sam. 18h30-22h30 • Lunch : 15,90 € (2 plats).

LA BELLE MARAÎCHÈRE
Poissons et fruits de mer ㉛ **Plan G6**

Dans le quartier, c'est incontestablement le meilleur rapport qualité-prix. Depuis plus de quarante ans, la famille Devreker accommode avec art poissons et crustacés. Terrine de raie et crabe, coquilles Saint-Jacques au Noilly Prat (un vermouth), divine soupe de poissons, turbot grillé et, en saison, des jets de houblon

Bistro du Canal

(jeunes pousses du houblon). Les desserts sont tout aussi délicieux, et l'accueil très chaleureux.
11a, place Sainte-Catherine, M° Sainte-Catherine • ☎ 02 512 97 59 • www.labellemaraichere.com • Ven.-mar. 12h-14h et 18h30-21h • Menu du marché (2 plats) : 42 € ; menu gastronomique : 65 €.

VISMET
Cuisine belge (32) Plan H6

Un cadre sobre de type brasserie contemporaine pour une cuisine de haut vol concoctée avec brio par Tom Decroos, formé chez quelques étoilés du pays. Un mélange réussi de recettes intuitives et de produits frais fournis par son père, pêcheur à Ostende. En sus des classiques « belges » tels les croquettes aux crevettes grises et le cabillaud poché sauce mousseline, la carte réserve d'agréables surprises gustatives (tartare de thon américain, 27 €).
23, place Sainte-Catherine, M° Sainte-Catherine • ☎ 02 218 85 45 • www.levismet.be • Mar.-sam. 12h-14h et 19h-22h ; f. août. • Lunch : 23 € (2 plats) ; plats : 21-33 €.

CHEZ CHARLI
Boulangerie-pâtisserie (34) Plan G6

Après Montpellier, Paris et Londres, Charli s'est installé à Bruxelles. Il a rapporté de son expérience outre-Manche le concept convivial de cuisine ouverte. C'est donc dans un box

Chez Charli

de verre qu'il prépare pains et gourmandises. L'adresse est à la fois une boulangerie et un havre de choix pour goûter au frou-frou (sur commande), la spécialité à base de sablé breton de ce pâtissier talentueux.
34, rue Sainte-Catherine, M° Sainte-Catherine • ☎ 02 513 63 32 • www.charliboulangerie.com • Lun.-sam. 7h30-19h, dim. 8h-13h30.

TOUKOUL
Cuisine éthiopienne (36) Plan H6

Dans les tons chaleureux rappelant la terre de grands plateaux, Toukoul propose un voyage tout en épices à travers l'Éthiopie. Parmi les plats à partager, le « Yeabesha Gomen Doro tibs », dés de poulet fermier sautés aux épinards frais et oignons rouges (18,60 €), se mange avec les doigts

à l'aide d'une fine et large crêpe. Et si vous n'y arrivez pas, on se fera une joie de vous initier !
34, rue de Laeken, M° De Brouckère • ☎ 02 223 73 77 • www.toukoul.be • Lun.-mer. 18h-22h30, jeu. 12h-14h30 et 18h-22h30, ven.-dim. 12h30-15h et 18h-23h • Concerts : ven.-sam. 21h-23h.

VOIR AUSSI :

La Mer du Nord | p. 40
| 33 Plan G6

De Brouckère, vers le CBBD (Quartier 4 – p. 42)

BELGA QUEEN
Cuisine belge contemporaine 38 Plan I6

Le Belga Queen est l'une des adresses d'Antoine Pinto, cuisinier médaillé et créateur de décors grandioses. L'immense hall Empire couvert d'une verrière armoriée nous ferait presque oublier cette cuisine belge, moderne et allégée.
Pour accompagner le coucou de Malines ou le saumon massé à la Rodenbach, un choix de vins produits par des viticulteurs belges en Europe ! À découvrir aussi, le banc d'écailler océanique, le bar lounge et le club à cigares dans l'ancienne salle des coffres de la banque.
32, rue du Fossé-aux-Loups, M° De Brouckère • ☎ 02 217 21 87 • www.belgaqueen.be • Cuisines : lun.-jeu. 12h-14h30 et 18h30-23h, ven. 12h-14h30 et 18h30-minuit, sam. 18h30-minuit • Lunch (lun.-ven.) : 20 € (2 plat + café) ; menus : 38 et 41 € • Club : lun.-sam. à partir de 19h.

Belga Queen

L'INTERMEZZO
Cuisine italienne 39 Plan I6

Un vrai bistrot italien pour boire un café ou manger sur le pouce une *bruschetta* ou un plat de pâtes (9-11 €).
16, rue des Princes, M° De Brouckère • ☎ 02 218 03 11 • Lun.-jeu. 11h30-15h, ven.-sam. 11h30-15h et 19h-22h.

VOIR AUSSI :

Muntpunt Grand Café | p. 44
| 40 Plan I7

La Fabrique en ville

Le mont des Arts, vers le palais royal (Quartier 5 - p. 48)

VOIR :

Moon Food | p. 49
| 41 Plan CD2

Bibliothèque royale | p. 55
| 42 Plan C2

Le Sablon et le parc d'Egmont (Quartier 6 - p. 58)

LA FABRIQUE EN VILLE
Brunch 43 Plan C3

Oasis épanouie au cœur d'un parc délicat, cette terrasse a tout pour plaire. Les jours trop gris, on se console avec le bel espace intérieur à l'inspiration scandinave. Dans l'assiette, l'on retrouve des tartines (16,50 €) et les pâtes du jour (13 €). Le week-end, le lieu est pris d'assaut pour son brunch servi à volonté et comprenant salades, crêpes, buffet chaud, viennoiseries...

44, boulevard de Waterloo, parc d'Egmont, tram 92-93 (arrêt Petit-Sablon) • ☎ 02 513 99 48 • www.lafabriqueresto.be • Mar.-ven. 12h-15h, sam.-dim. 10h30-17h • Brunch (sam.-dim. 10h30-15h30) : 29 €.

LE PERROQUET
Bistrot 44 Plan C3

À l'intérieur, carrelage en damier, vitraux colorés, sgraffites, lumière tamisée, comptoir en volutes de bois... À l'extérieur, des tables sur

Expériences étonnantes

Au pays du surréalisme, les associations inattendues et le mélange des genres sont légion. Entre les reconversions gastronomiques de lieux décalés, les obsessions monomaniaques de certains chefs et les adresses ultrapolyvalentes, découvrez nos rencontres du 3e type.

KOKOB

Dépaysement garanti dans cet excellent restaurant éthiopien, très apprécié des Bruxellois. Un régal ! Voir p. 103.

LE CAFÉ DES SPORES

De l'entrée au dessert, une adresse un brin monomaniaque qui cuisine le champignon à toutes les sauces. Voir p. 129.

Tram Experience

Pin Pon

PIN PON

On cède aux sirènes de cette ancienne caserne de pompiers devenue resto avec vues sur l'agitation du marché aux puces des Marolles. Voir p. 118.

TRAM EXPERIENCE

Une expérience gastronomique concoctée par de grands chefs à vivre à bord d'un tram aménagé lors d'une balade en ville. Voir p. 119.

THE LITTLE GREEN SHOP

Une adresse enchanteresse mêlant boutique de fleurs et salon de thé, pour bruncher au milieu des plantes. Voir p. 129.

le trottoir prises d'assaut dès le premier rayon de soleil. Et à toute heure, un choix énorme de pitas et quelques salades diététiques. On peut même boire un verre dans ce beau bistrot Art nouveau.

31, rue Watteeu, bus 48 (arrêt Grand-Sablon) • ☎ 02 512 99 22 • T.l.j. 12h-minuit • Pitas : (7,40-8,30 €) ; salades : 12-16 €.

L'ÉCAILLER DU PALAIS ROYAL

Cuisine gastronomique ㊺ Plan C3

Dans un cadre très cosy agrémenté de mosaïques bleues, on sert une succulente cuisine à base de poissons et de crustacés. À côté des classiques comme les raviolis de homard au curry ou le saint-pierre au beurre blanc, le plat du jour réserve de bonnes surprises. Quant à l'addition, elle s'envole très vite !

18, rue Bodenbroek, bus 48 (arrêt Grand-Sablon) • ☎ 02 512 87 51 • www.lecaillerdupalaisroyal.be • Lun.-sam. 12h-14h30 et 19h-23h30 ; f. j.f., août et 23 déc.-3 janv. • Plats : 38-195 €.

AU VIEUX SAINT-MARTIN

Cuisine belge ㊻ Plan C3

Si vous souhaitez déguster un filet américain traditionnel (24 €), une recette inventée par Joseph Niels en 1924, c'est là qu'il faut vous rendre ! Le restaurant, dont la décoration fait la part belle à l'art contemporain, est toujours tenu par la famille Niels. Les prix sont un peu élevés mais les spécialités belges sont parfaitement maîtrisées. Demandez la table « de Bill Clinton ».

38, place du Grand-Sablon, bus 48 (arrêt Grand-Sablon) • ☎ 02 512 64 76 • www.auvieuxsaintmartin.be • T.l.j. 12h-minuit • Plats : 17-33 €.

L'ENTRÉE DES ARTISTES

Bistrot ㊼ Plan C2-3

Moules-frites et autres grands classiques s'acoquinent avec un ris de veau au spéculoos plus osé, sous le regard amusé des stars qui posent en noir et blanc pour habiller les murs de cette brasserie rénovée.

42, place du Grand-Sablon, bus 48 (arrêt Grand-Sablon) • ☎ 02 502 31 61 • www.lentreedesartistes.be • T.l.j. 8h-0h30 • Lunch (lun.-ven.) : 16,90 € (2 plats) ; plats : 18,70-34,50 € ; moules : 21-24 €.

CHEZ RICHARD

Bistrot ㊽ Plan C3

C'est dans cet ancien café de facteurs, au décor quasi inchangé depuis 1948, que bat véritablement le cœur du Sablon. Selon l'heure, on y croise antiquaires parlant affaires, étudiants branchés ou couples avec poussette… Pour les petites faims de la matinée (pistolet jambon beurre à 6 €), pour picorer en soirée autour d'un bon verre (les croquettes de crevettes

Pistolet

sont délicieuses !) ou pour déguster un plat plus élaboré (pavé de bœuf argentin, pommes de terre au four et salade d'herbettes). Il y en a pour tous les goûts et toutes les envies !
2, rue des Minimes, bus 48 (arrêt Grand-Sablon) • ☎ 0479 611 256 (mob.) • www.chezrichard.be • T.l.j. 8h-2h.

SOUL
Fusion (49) Plan C3

Laissez-vous embarquer dans l'univers de ces deux pétillantes sœurs finlandaises, qui aiment qualifier leur cuisine de *bio fusion kitchen*. Tout un programme où le frais prédomine pour une gastronomie bien-être. Du bio, ni sucre, ni farine, ni laitage, et une carte qui évolue au gré de thèmes.
20, rue de la Samaritaine, bus 48 (arrêt Grand-Sablon) ☎ 02 513 52 13 • www.soulresto.com • Mer.-sam. 19h-22h, dim. 19h-21h • À la carte : 17,50-22,50 €.

PISTOLET
Snack (50) Plan C2

Tremblez, sandwichs fades, ce snack haut de gamme dégaine les pistolets. Ces petits pains fourrés, spécialité locale, jouent les puristes en ne s'associant qu'avec des produits 100 % « belgian taste ». *Bloempanch*, américain, chicon... Choisissez parmi la large gamme chaude et froide. De grands noms de la gastronomie du royaume parrainent l'initiative et un coin épicerie permet de repartir avec des trouvailles régionales.
24-26, rue Joseph-Stevens, bus 48 (arrêt Grand-Sablon) • ☎ 02 880 80 98 • www.pistolet-original.be • Lun.-ven. 10h-16h, sam.-dim. 10h-18h • Snacks : 3,90-8,90 €.

LA FLEUR EN PAPIER DORÉ
Cuisine belge ⑤① Plan C2

Haut lieu du surréalisme bruxellois, cet estaminet a conservé le souvenir de ses célèbres clients : René Magritte, Marcel Mariën et Louis Scutenaire, dont quelques-uns des aphorismes sont peints sur les murs. Vous y joindrez peut-être les vôtres après avoir dégusté les quatre sortes de gueuze et de kriek (de 3,40 à 7,80 €) !

55, rue des Alexiens, M° Gare-Centrale ou bus 48 (arrêt Grand-Sablon) • ☎ 02 511 16 59 • www.goudblommekeinpapier.be • Mar.-sam. 11h-minuit, dim. 11h-19h • Snacks : 4,50-8 € ; plats : 14-15,50 €.

VOIR AUSSI :

Wittamer | p. 59 | ⑤② Plan C2-3

Les Marolles et la place du Jeu-de-Balle (Quartier 7 - p. 62)

LE WINE BAR
Bar à vins ⑤③ Plan C3

Quand un ancien sommelier étoilé, épicurien et généreux, ouvre son « bistrot à vins » dans une maison du XVIIe s., les papilles applaudissent. Concoctée avec talent, la carte des vins évite toute prétention et s'aventure dans d'intéressants terroirs qui charment tant le palais que le portefeuille. Du côté des plats, les propositions sont volontiers canailles. Aux côtés des plats classiques comme la saucisse de Morteau aux lentilles du Puy, de nombreuses portions sont taillées pour le partage, ambiance bar à tapas (sardines à l'huile et poivron doux).

198, rue Haute, tram 92-93 (arrêt Poelaert) • ☎ 0496 82 01 05 (mob.) • www.winebarsablon.be • Jeu.-ven. 19h-23h, sam.-dim. 12h-16h et 19h-23h • Vin au verre : 5-10 € ; plats : 15-35 €.

Le Wine Bar

AU STEKERLAPATTE
Cuisine belge (54) Plan C3

Les grands miroirs de ce joyau convivial des Marolles semblent refléter l'âme bruxelloise historique. Habitués, vedettes et touristes se côtoient sur les vastes banquettes en bois verni pour déguster des spécialités de bistrot ou des plats typiquement belges allant des croquettes de crevettes (13,90 € les deux) au *Bloempanch*, une sorte de boudin noir associé à des pommes caramélisées (15,90 €). Fumoir à l'étage.

4, rue des Prêtres, M° Hôtel-des-Monnaies ou tram 92-93 (arrêt Poelaert) • ☎ 02 512 86 81 • www.austekerlapatte.be • Mar.-mer. et dim. 12h-14h30 et 18h-23h, jeu.-sam. 12h-14h30 et 18h-minuit • Lunch (lun.-ven.) : 12,50 € (plat du jour) ; 15,90 € (2 plats) ; 19,50 € (entrée + plat + dessert).

LES LARMES DU TIGRE
Cuisine thaïe (55) Plan C3

Derrière le palais de justice, un festival de saveurs thaïes dans un décor exotique raffiné. Petit sorbet entre les plats pour la digestion et sourire non-stop du personnel... Un must à ne pas manquer, le dimanche, midi et soir, quand on peut faire son choix au buffet pour 35 €.

21, rue De Wynants, M° Louise • ☎ 02 512 18 77 • www.leslarmesdutigre.be • Mar.-dim 12h-14h et 19h-22h30 ; f. sam. midi • Lunch (lun.-ven.) : 15,50 € (2 plats et café).

PIN PON
Cuisine belge contemporaine (56) Plan C3

Sous la verrière qui surplombe la place du Jeu-de-Balle et son marché aux puces, on peine à

Au Stekerlapatte

s'imaginer que le bâtiment ait pu servir de caserne de pompiers. Jetez un œil au bar, et à son tissage d'anciennes lances à incendie, il rappelle l'esprit du lieu, intelligemment réaménagé. La carte change chaque semaine selon les arrivages et se prête toujours au même jeu : proposer neuf entrées et plats articulés autour de trois thèmes. Œuf cocotte châtaigne (13 €), rôti de veau de Corrèze, carottes et betteraves sauce moutarde (16 €), tarte signée Charly (7 €).

62, place du Jeu-de-Balle, M° Louise • ☎ 02 540 89 99 • T.l.j. 8h-23h30.

Pin Pon

QUARTIER GOURMAND
Sur le pouce ⑰ Plan C3

Situé sur une place en retrait de la circulation, au pied de l'ascenseur Poelaert, le « QG » mêle terrasse de choix les jours de beau temps et personnel chaleureux. Tartines de Phil (6,70-7,80 €) renversantes en spécialité, salades à prix très démocratiques (8-10 €) et bière (2,20 €).

18, rue de l'Épée, bus 48 (arrêt Chapelle) • ☎ 02 503 20 08 • www.quartiergourmand.be • T.l.j. 10h-« jusqu'au dernier client » • Lunch (lun.-ven.) : 16,20 € (plat, boisson, café) ; menu : 29,90 € (3 plats).

EASY TEMPO
Cuisine italienne 58 Plan C3

Si les carrelages Belle Époque évoquent une ancienne boulangerie-pâtisserie, ce sont désormais des arômes de tomate, d'ail et de *tartufo* qui embaument ce lieu dédié à la *dolce vita* et à la *cucina casalinga*. Des pâtes succulentes, telles les *pappardelle*, des pizzas comme en Sicile et des suggestions du marché (8-17 € le plat) avec une belle sélection de vins italiens (3,50 € le verre). Clientèle cosmopolite, et accueil parfait de Benedetto.

146, rue Haute, bus 48 (arrêt Chapelle) • ☎ 02 513 54 40 • Mar.-sam. 10h30-15h et 18h-22h30, dim. 10h30-15h (brunch) ; f. août ; résa conseillée.

TRAM EXPERIENCE
Cuisine gastronomique 60 Plan C3

C'est à bord d'un tram transformé en restaurant haut de gamme que l'on s'installe pour une balade

Tram Experience

de deux heures dans Bruxelles. Dans les assiettes : un menu concocté par des chefs étoilés : suprême de coucou de Malines, petits gris de Namur et jus léger aux herbes fraîches imaginé par Lionel Rigolet ou filet américain au bœuf et homard d'Alex Joseph... Chaque semaine un chef bruxellois différent s'empare des cuisines !

Départ de la place Poelaert, tram 92 ou 93 (arrêt Poelaert) • http://visitbrussels.be • Voyages gastronomiques : mar.-sam. à 20h, dim. à 19h (mi-oct. à mi-mai à 12h) • Menu 6 services : 190 €/2 pers. • Résa et paiement en ligne.

VOIR AUSSI :

L'Atelier en Ville | p. 63 | (61) Plan C3

Nonno | p. 65 | (62) Plan C3

Saint-Boniface et Matonge (Quartier 8 - p. 68)

KAMILOU
Sur le pouce (63) Plan D3

Dans la maison du développement durable Mundo-B, la néocantine Kamilou propose un lunch à base de produits frais bio pour la plupart issus du commerce équitable. Les sandwichs de la semaine vous font voyager, comme le « Tombouctou » (4-5 €). Vous pouvez lui préférer les délicieuses quiches et les jolies salades (6-8 €). Et comme boisson ? De la Bionade (limonade bio), des jus Oxfam ou un café Max Havelaar.

26, rue d'Édimbourg, M° Porte-de-Namur • ☎ 02 894 46 66 • www.kamilou.be • Lun.-ven. 8h-18h.

COMPTOIR FLORIAN
Salon de thé (64) Plan D3

Ce petit salon de thé très littéraire s'est installé dans une boutique 1900 dessinée par Ernest Blerot (p. 70), l'un des architectes Art nouveau bruxellois les plus prolifiques. Qualité de la grande sélection de thés, desserts maison, décor douillet, accueil exemplaire... Un merveilleux moment de détente !

17, rue Saint-Boniface, M° Porte-de-Namur • ☎ 02 513 91 03 • www.comptoirflorian.be • Mar.-sam. 11h-19h • Thés : 5-9 € ; café : 3 €.

VOIR AUSSI :

Delizie della Mamma | p. 70 | (66) Plan D3

Le Châtelain et le musée Horta (Quartier 9 - p. 72)

C'EST PAS RAISONNABLE
Sur le pouce (65) Plan D4

Une adresse agréable pour un déjeuner savoureux. Choisissez selon votre humeur parmi les tartes salées, cakes, salades et desserts qui trônent en vitrine. Tous les produits sont sélectionnés avec soin par Jean et Gaëtanne, sa sœur, qui s'est fait la main en distribuant durant des années ses délices dans les restaurants bruxellois, avant d'ouvrir cet établissement.
149, Avenue Louise • ☎ 02 646 896 76 • www.pasraisonnable.be • Lun.-ven. 8h30-16h • Sandwichs : 3,50-3,80 € ; plat du jour : 8 € ; panini : 3,80-4,20 €.

KING KONG
Cuisine péruvienne (67) Plan C4

Cette table stylée s'est spécialisée dans la cuisine péruvienne. On y découvre les *chicharrón* de poulpe (15 €), la sauce *picante* et verte *aji huacatay*, les frites de maniocs ou encore la *causa*, une purée de pommes de terre avec piment, avocat et poulet (14,95 €). Ceux qui préfèrent s'accrocher aux branches avec des plats plus familiers trouveront un rafraîchissant *ceviche* de bar, du poulet braisé (18 €) et des burgers. Comble du chic, King Kong dispose de sa propre bière en bouteille, créée pour le restaurant par la brasserie-ferme de Bertinchamps.
227, chaussée de Charleroi, tram 81 ou 91 (arrêt Janson) • ☎ 02 537 01 96 • Jeu.-lun. 12h-14h30 et 19h-22h • Plats : 12-16 €.

GELATERIA IL MONELLO
Glacier (68) Plan C3

Dans cette *gelateria* à deux pas des boutiques chic de la place Stéphanie, la glace est une affaire de famille. Roberta et son frère Alessandro ont emmené dans leur valise tout le savoir-faire italien et régalent désormais les Bruxellois de glaces onctueuses à souhait (2,50 € la boule, sur place). On succombe également pour les macarons garnis d'un cœur de *semifreddo* (4 €). Au déjeuner, on peut aussi s'y attabler autour d'un menu simple proposant lasagnes (12,20 €), *arancini* à la sicilienne ou sandwichs, et comprenant une glace et un café (7,70 €).
31, chaussée de Charleroi, tram 92, 93 ou 94 (arrêt Stéphanie) • ☎ 0484 085 657 (mob.) • www.ilmonellogelateria.be • Mar.-ven. 11h-19h, sam. 11h-20h, dim. 14h-20h.

MA FOLLE DE SŒUR
Cuisine méditerranéenne (69) Plan C3-4

Ambiance méditerranéenne dans ce petit restaurant de quartier toujours bondé. Des plats couleur soleil concoctés par Sandrine,

avec des suggestions du jour selon les saisons. On aime les tajines parfumés, le tartare de thon rouge, les ravioles de saumon fumé, les salades folles ainsi que les grands classiques de la cuisine française. Le rapport qualité-prix y est excellent, surtout à midi avec une formule lunch à 15,50 €. Le soir, plats à la carte de 15,80 à 25,40 € environ. En été, on s'attable aussi dans le jardin !
53, chaussée de Charleroi, tram 94 ou 97 (arrêt Stéphanie) • ☎ 02 538 22 39 • www.mafollede soeur.be • Lun.-ven. 12h-14h30 et 18h30-22h30, sam. 18h30-22h30.

INADA
Cuisine française ⑪ Plan C4

Un très grand chef japonais secondé par le meilleur sommelier de Bruxelles pour une carte française avec des subtilités de saveurs très asiatiques. Un véritable festin qu'on n'oublie pas de sitôt.
73, rue de la Source, M° Hôtel-des-Monnaies • ☎ 02 538 01 13 • www.inada-restaurant.be • Mar.-sam. 12h-14h et 19h-21h30 ; f. sam. midi, j.f. et 2 sem. en été et en hiver • Menus : 29 € (3 services), 54 € (4 services), 74 € (4 services et vins).

MAKISU
Cuisine japonaise ⑫ Plan D4

Let's roll ! Quelle bonne idée que ce « fast-sushi », spécialiste des makis, préparés sous votre nez. Dans ce restaurant japonais, on choisit son maki *fresh* ou *funky*, ou on le compose soi-même dans le style Tokyo, California ou Hawaii. Les excentricités sont permises (maki au foie gras ou encore les *ceviche* au vinaigre de riz fait maison). Yakitoris, rouleaux de printemps et crevettes *tempura* sont aussi au tableau.

5, rue du Bailli, tram 94 (arrêt Bailli) • ☎ 02 640 45 50 • www.makisu.be • Lun.-sam. 12h-22h, dim. 16h-22h • Makis : 4,50-6 € (8 pièces).

LA TSAMPA
Cuisine végétarienne ⑦③ Plan D4

Dans le quartier Art nouveau, notre adresse préférée pour manger bon et équilibré dans un cadre serein, c'est Tsampa ! La carte est 100 % végétarienne, les produits naturels, la cuisson diététique et la véranda agréable en toute saison, sans oublier le très beau jardin en été. Différente chaque jour, l'assiette Tsampa (15 €) peut être servie avec de la salade, une entrée ou un potage.
109, rue de Livourne, tram 94 (arrêt Lesbroussart) • ☎ 02 647 55 43 • www.tsampa.be • Lun.-sam. 10h-20h.

LE FRAMBOISIER DORÉ
Glacier ⑦④ Plan C/D4

Ah ! la saveur d'une glace à l'ancienne : du lait frais, des œufs, des gousses de vanille et des fruits frais. L'imagination débordante du glacier vous mènera sur des chemins inconnus. Fleurs, sauternes, gueuze… soit 230 parfums à découvrir (2 € la boule, 3,50 € les deux et 4,50 € les trois) dans le joli salon de thé où l'on sert aussi des gaufres, des pâtisseries et du chocolat chaud.
35, rue du Bailli, tram 81 ou bus 54 (arrêt Trinité) • ☎ 02 647 51 44 • Mai-sept. : t.l.j. 13h-20/minuit (selon la météo) ; oct.-avril : sam.-dim. 13h-19h.

TAN
Cuisine bio ⑦⑤ Plan C4

Voilà un restaurant atypique qui livre un nouveau regard sur l'alimentation « vivante ». Il s'agit ici d'éliminer les toxines et d'encourager la biovitalité des aliments. Dans l'assiette, beaucoup d'aliments crus, de plantes aromatiques, de graines germées ainsi que des poissons et viandes cuits à basse température. Le résultat est surprenant, véritable florilège de saveurs oubliées. Les vins et les bières sont bien sûr bio.
95, rue de l'Aqueduc, tram 81 ou bus 54 (arrêt Trinité) • ☎ 02 537 87 87 • www.tanclub.org • Lun.-sam. 12h-14h et 19h-22h • Lunch (lun.-ven.) : 21,50 ou 23,50 € (sam. 24,50 ou 26,50) ; plats : 23-31 €.

L'ÉPICERIE
Sur le pouce ⑦⑥ Plan C4

Quelques tables en bois et de la vaisselle chinées, une décoration qui varie au fil des trouvailles, une carte courte qui propose de la cuisine du marché. Tous les jours, Magali vous invite dans son univers par le biais d'un plat unique familial privilégiant les produits bio et répondant toujours aux lois de la saisonnalité (10-13 €). Desserts maison pour terminer en douceur.
66, rue du Page, tram 81 ou bus 54 (arrêt Trinité) • ☎ 0477 986 029 (mob.) • Lun.-sam. 12h-15h.

Garage à Manger

BRASSERIE TOUCAN
Cuisine gastronomique
⑦⑦ Plan C5

Une brasserie nouveau style, cadre épuré trendy et grands classiques revisités par le chef Jean-Jacques Danthine. Une cuisine gourmande qui contente aussi bien l'amateur d'andouillette grillée que l'adepte de la cuisine végétarienne. Une mention spéciale pour la terrine de foie gras et la crème brûlée à la fève de tonka, ainsi que pour une carte des vins riche et éclectique.

1, avenue Louis-Lepoutre, bus 60 (arrêt Tenbosch) • ☎ 02 345 30 17 • www.toucanbrasserie.com • Lun.-jeu. et dim. 12h-23h, ven.-sam. 12h-23h30 ; f. 29 janv. et 31 janv. le soir • Lunch (lun.-ven.) : 20 € (2 plats) ; menu du marché : 37 € (3 plats).

GARAGE À MANGER
Sur le pouce
⑦⑧ Plan D5

Espace et audace sont les deux points forts de ce repaire sédentaire d'un pro du *foodtruck*, le « Garage », situé sous une librairie d'occasion. Menu imposé et service « à la française » (un plat par table plutôt qu'un dressage individuel). Un savoureux contraste entre l'esprit décontracté, dépareillé et le raffinement dans l'assiette.

185, rue Washington, tram 60 (arrêt Lepoutre) • ☎ 02 880 67 74 • www.garage-a-manger.be • Lun.-jeu. 10h-18h, ven.-sam. 10h-22h, dim. 10h30-18h • Plat : 14 € ; lunch 18-21 € ; brunch : 25 €.

VOIR AUSSI :

Knees To Chin | p. 74 | ⑦⑨ Plan D4

Lilicup | p. 75 | ⑧⓪ Plan C4

Flagey et les étangs d'Ixelles (Quartier 10 - p. 80)

UMAMÌDO
Cuisine asiatique (ramen) (82) Plan D4

Derrière cet immense et chic U, lové dans un cercle noir, se cache un restaurant spécialisé dans les nouilles japonaises. Au miso, aromatisées à la sauce soja, au gras de porc ou végétariennes, les *ramens* se déclinent à l'envi dans des versions chaudes et froides, agrémentées de poisson, viande ou légumes. Autres stars du restaurant : les *gyozas*, raviolis japonais.

1, chaussée de Vleurgat, tram 81 et bus 59-71 (arrêt Flagey) • ☎ 02 640 40 57 • www.umamido.be • Lun.-mer. et dim. 12h-14h30 et 18h-22h, jeu.-sam. 12h-14h30 et 18h-23h • Ramens : 13-15 € ; *gyozas* : 6 € (6 pièces).

MAMMA ROMA
Cuisine italienne (83) Plan D4

Du Pasolini dans le nom et toute la richesse de l'Italie dans les pizzas, servies à la coupe. Pommes de terre-truffes, cèpes-saucisson ou jambon-mozzarella... Pour 9,90 € (entre 12h et 14h30), choisissez deux parts et une boisson. Un rendez-vous dans le quartier et un lieu exigu : attendez-vous à jouer un peu des coudes pour jouir de cette pause néoréaliste. Un concept qui plaît tellement qu'il a fait des petits, visitez le site pour repérer les autres adresses de la ville.

5, chaussée de Vleurgat, bus 71 ou tram 81 (arrêt Flagey) • ☎ 02 640 42 80 • www.mammaroma.be • Dim.-jeu. 12h-23h, ven.-sam. 12h-minuit.

FRIT FLAGEY
Frites (85) Plan D4

Quelle que soit la saison, une file disciplinée s'allonge imperturbablement devant cette baraque à frites de la place Flagey. Les habitués attendent le cornet de renom, contenant dit-on « les meilleures frites de la ville ». La petite frite (2,20 €) sustentera déjà les gros appétits. Pour la version XL, comptez 30 cents de plus et ajoutez 60 cents pour piocher dans la longue liste de sauces ! Un condensé de belgitude à petit prix, que l'on déguste aux

Frit Flagey

Nos brunchs préférés

Faut-il rappeler que c'est dans le plat pays que Pain Quotidien a vu le jour avant d'essaimer son concept de tables d'hôtes de New York à Tokyo ? Bruxelles a le sens du brunch et reste attachée à ces petits déjeuners à rallonge. En plus de notre sélection, vous trouverez des adresses glorifiant la pratique dans le quartier des Marolles, principalement autour de la place du Jeu-de-Balle.

LIVING ROOM

Dans le quartier européen, cette adresse branchée à la déco design propose un brunch copieux et délicieux (15 €). Voir p. 85.

HENRI & AGNÈS

Une ode aux produits frais et de saison avec une copieuse proposition mêlant la « *sweet* Agnès » et le « *salted* Henri ». Voir p. 93.

LES FILLES

Convivialité et produits bios s'invitent chaque samedi et dimanche à cette table d'hôtes féminine et inventive. Voir p. 106.

LA FABRIQUE EN VILLE

Planté en plein parc d'Egmont, délicat espace vert enclavé et secret, un délice d'initiés doté d'une vaste terrasse. Voir p. 113.

La Fabrique en ville

terrasses des cafés de la place ou aux abords du joli parc attenant.
Place Flagey, tram 81 ou bus 71 (arrêt Flagey) • Dim.-jeu. 11h30-minuit, ven.-sam. 11h30-2h.

VOIR AUSSI :

Les Pénates | p. 81
| (81) Plan D4

Le quartier européen, autour du Parlement (Quartier 11 - p. 84)

TOUT BON
Sur le pouce (87) Plan D3

Située en face de la gare du Luxembourg, c'est l'une des meilleures adresses pour prendre un copieux petit-déjeuner avec pain à l'ancienne, viennoiseries, confitures variées et jus d'orange pressé minute. À midi, salades gourmandes, quiches, soupes et plats simples pour tous les goûts (de 10 à 16 €), et des desserts maison. Service rapide et de qualité dans cette tour de Babel fréquentée surtout par les eurocrates.
68, rue du Luxembourg, M° Trône • ☎ 02 230 42 44 • www.toutbon.be • Lun.-ven. 7h-18h, sam. et j.f. 8h-17h • Petit-déjeuner : 4,80-14 €.

LES CAVES D'ALEX
Viandes (88) Plan D3

Le quartier européen souffre d'un mal rare dans une capitale touristique : ses restaurants sont fermés le week-end ! Pensez-y si vous voulez profiter des Caves d'Alex. On vient ici pour la douceur de l'accueil et pour sa carte carnivore : la spécialité c'est la côte de bœuf à l'os affinée. Le soir, un menu trois services (38 €) fait la part belle à la saisonnalité.
37, rue Caroly, M° Trône • ☎ 02 540 89 37 • www.lescavesdalex.be • Mar.-ven. 12h-14h et 18h-21h • Lunch : 19 € (2 services), 25 € (3 services) ; plats : 19-35 €.

E...CCETERA
Cuisine italienne (89) Plan E3

Attention, pépite ! Situé à deux pas de la place Jourdan, au cœur du quartier européen, ce restaurant propose de la cuisine italienne de qualité, tellement bonne que même les expatriés de la Botte en raffolent ! Les *antipasti* (8,80 €), les *fusilli al ragù d'agnello* (13,40 €), les lasagnes maison (9,80 €), tout y est délicieux et à prix très raisonnable ! Cadre design et agréable.
402, chaussée de Wavre, M° Schuman • ☎ 02 514 49 95 • www.eccetera.be • Dim.-ven. 12h-14h30 et 18h30-22h30, sam. 18h30-22h30.

MAISON ANTOINE
Frites (90) Plan E3

La plus célèbre *fritkot* (« baraque à frites ») de Bruxelles se contente de faire « les meilleures frites de

Bruxelles et ses environs », dit-on ! Depuis 1948, anonymes et stars du showbiz comme Johnny Hallyday, Dave ou Claude Barzotti, viennent y déguster le fameux cornet de frites (2,60 €) !

1, place Jourdan, M° Schuman • ☎ 02 230 54 56 • www.maisonantoine.be • T.l.j. 11h15-0h30 (1h30 sam.).

VOIR AUSSI :

Living Room | p. 85 | ⑨① Plan E3

Le Cinquantenaire et la maison Cauchie (Quartier 12 – p. 90)

COOL BUN
Burgers ⑨② Plan E2

Voilà une adresse qui pourrait bien réconcilier les inconditionnels du burger et les pourfendeurs de la *junk food* ! C'est qu'ici la viande est bio, les petits pains faits maison et les recettes osent les associations les plus inventives. Et si décidément vous ne savez pas lequel choisir, optez pour le menu 3 mini burgers (22 €) !

168, rue Stevin, M° Schuman • ☎ 02 230 52 11 • www.cool-bun.be • Lun.-mer. 12h-15h et 18h-22h, jeu.-sam. 12h-15h et 18h-22h30, dim. 12h-21h • Burgers : 14-28 € ; salades : 15-16 €.

ROSTICCERIA FIORENTINA
Cuisine italienne ⑨③ Plan E2

Chez Ruggiero Nardi, on mange comme à la maison le minestrone, la *pasta*, le rôti de veau avec *fagioli* (haricots blancs) et, l'hiver, du gibier. Le vin vient de Toscane, d'Ombrie ou de Vénétie.

45, rue Archimède, M° Schuman • ☎ 02 734 92 36 • Lun.-ven. 12h-14h et 18h30-21h30, dim. 12h-14h • Plats du jour : 19,90-23 €.

VOIR AUSSI :

Henri & Agnès | p. 93 | ⑨④ Plan E2

Laeken, parc royal et Atomium (Quartier 13 – p. 94)

ATOMIUM RESTAURANT
Cuisine gastronomique ⑨⑤ Carte p. 94

Laeken n'est pas le paradis de la gastronomie, mais l'Atomium Restaurant est un bel argument pour les *foodies* en quête d'expérience inédite. C'est dans la sphère supérieure de l'Atomium, à 100 m de hauteur, qu'Alexandre Masson a installé sa table avec vue sur la ville. Les prix, qui ont plus à voir avec le cadre qu'avec l'inventivité sous la fourchette, ont tendance eux aussi à prendre de la hauteur. Le midi en semaine, le lunch se fait plus sage...

Square de l'Atomium • ☎ 02 479 58 50 • www.atomiumrestaurant.be • Lun.-sam. 12h-15h et 19h-21h30, dim. 12h-16h30 • Lunch (lun.-ven.) : 28 € ; menus : 40-68 €.

VOIR AUSSI :

Skievelat | p. 96

Hors quartiers de visite

LE CAFÉ DES SPORES
Cuisine bistronomique (96) Plan B4

Trompettes, pieds de cochon, chanterelles, sparassis crépus... Vous aurez l'embarras du choix puisque ce restaurant propose une ardoise composée uniquement de variations sur le champignon. Le chef ne travaillant que le frais et le saisonnier, il élabore le menu selon les arrivages. Autour d'une cuisine ouverte, les tables se déploient sur trois niveaux dans un cadre moderne et chaleureux.

103, chaussée d'Alsemberg, M° Albert • ☎ 02 534 13 03 • www.cafedesspores.be • Lun.-sam. 19h-22h • Menu : 29 € (2 plats) ; 34 € (3 plats) ; 41 € (4 plats).

THE LITTLE GREEN SHOP
Salon de thé (97) Plan B5

Cet espace atypique se définit comme un « concept store végétal ». C'est aussi un lieu de rencontre entre ceux qui viennent acheter un bouquet de Madame la fleuriste et ceux qui viennent savourer du thé dans le salon de Monsieur. Chaque week end, la boutique propose un brunch à volonté (buffet végétarien avec boissson à 20 €). Le tout avec une agréable arrière-cour.

314, chaussée d'Alsemberg, M° Albert • ☎ 02 218 11 21 • www.the-little-green-shop.com • Mar.-sam. 10h-19h, dim. 10h-16h.

Le goût du chocolat

Avez-vous déjà goûté aux pralines belges ? Fourrées aux noix, à la crème ou aux noisettes, parfumées à la liqueur ou au chocolat, elles fondent en bouche en développant un bouquet de saveurs surprenantes et inoubliables. À vous de découvrir qui, parmi les chocolatiers bruxellois, remporte la palme, mais attention à la ligne !

CACAO OU *CACAHUATL* ?

Les **conquistadors** rapportèrent d'Amérique des plantes inconnues en Europe comme la patate, la tomate et le cacao. N'ayant aucun mot pour les nommer, ils introduisirent également quelques mots d'aztèque à la cour d'Espagne. Ainsi, « cacao » est une transcription phonétique du nahuatl (écriture précolombienne) *cacahuatl*, qui est issu du terme maya *cacauw*, tandis que la boisson chocolatée était nommée *xocatlatl* par les **Aztèques**.

UNE MONNAIE D'ÉCHANGE QUI SE BOIT

Les enfants qui reçoivent des pièces en chocolat seraient bien surpris de savoir que les Mayas et les Aztèques réglaient leurs achats avec des fèves de cacao ! Mais ils possédaient également le secret d'une délicieuse boisson, très nourrissante aux dires du **conquistador Hernán Cortés**, qui la goûta pour la première fois en 1519 à la cour de l'empereur Moctezuma. À la pâte de fèves de cacao grillées, ils ajoutaient de la vanille, de la cannelle, de la noix de muscade et du miel, ou encore du maïs vert, du jus d'agave fermenté et du piment. Une boisson de luxe réservée exclusivement aux nobles.

Musée du cacao et du chocolat

Un musée sans prétention situé à quelques pas de la Grand-Place, dans une maison classée du XVIIe s. Si la muséologie est un peu vieillotte, les différents objets et plaquettes permettent de découvrir l'histoire du chocolat. Plus vivant : les démonstrations de confection de pralines par un maître chocolatier. Et en bonus, ne manquez pas les distributeurs de galets pour identifier les différentes provenances des fèves.

9-11, rue de la Tête-d'Or (H7), M° Bourse • ☎ 02 514 20 48 • www.choco-story-brussels.be • T.l.j. 10h-17h • Entrée plein tarif : 6 €.

LE GOÛT DU PÉCHÉ

Les Espagnols améliorent la recette en ajoutant du sucre, et ne peuvent bientôt plus se passer de chocolat. Tous les couvents de la **colonie de Nouvelle-Espagne** disposent d'une chocolaterie, bien que l'on se pose quelques questions au sujet de cette consommation. Le chocolat n'échauffe-t-il pas les sangs et n'invite-t-il pas aux élans de la chair ?

UNE DOUCEUR ÉLITISTE

C'est **Anne d'Autriche**, fille de Philippe III d'Espagne, qui, en apportant des fèves de cacao dans ses bagages en 1615, fit connaître le goût du chocolat aux Français. Sa passion pour le chocolat fut d'ailleurs plus durable que celle qu'elle avait pour son époux, Louis XIII. À Londres, Madrid, Paris ou Bruxelles, le chocolat reste cependant un **produit de luxe** jusqu'au XIXe s.

DU CHOCOLAT POUR TOUS

En 1828, **Caspar Van Houten** trouve un procédé qui permet de séparer une partie des graisses naturelles. Il obtient ainsi du beurre de cacao et une pâte plus digeste qui peut être réduite en poudre. L'**industrie du chocolat** est née, et l'acquisition du **Congo** par Léopold II lui ouvre de grandes perspectives. En 1910, on recense 73 chocolateries dont la production, contrôlée par l'État, garantit un chocolat de grande qualité.

UNE PRALINE ET UN BALLOTIN

Une noix ou une friandise, recouverte d'une mince couche chocolatée, voilà la « **praline** » inventée en 1912 par le confiseur Jean Neuhaus. Et pour éviter que les confiseries ne s'abîment dans le cornet, il crée une petite boîte en carton, le « **ballotin** ». Les barres de chocolat de 30 et 45 g sont une autre trouvaille belge lancée par Kwatta.

Godiva Outlet

Qu'y a-t-il de plus alléchant que des produits de qualité à prix plancher ? Un chocolatier qui fait fondre ses tarifs ! Pour rapporter un produit « bradé » mais typique, rendez-vous au magasin d'usine Godiva (réductions de 10 % à 60 %).

4, avenue de Jette (HP par B1), M° Simonis • ☎ 02 422 17 98 • www.godivachocolates.eu • Lun.-sam. 10h-18h.

Bars, clubs & sorties

PAR QUARTIER

Les coups de cœur DE NOTRE AUTEUR 2018

La capitale festive a de nombreux visages. Pour un élégant cocktail, une nuit sur la piste ou simplement le plaisir de redécouvrir la bière, boisson nationale belge, piochez dans les adresses favorites de notre auteur.

L'ÉPICERIE MODERNE

À l'ombre de la Grand-Place, un lieu en vue où j'aime me détendre en musique. Voir p. 135.

BRUSSELS BEER PROJECT

Ma brasserie « point de chute » où goûter des bières créées par les clients ! Voir p. 140.

MADAME MOUSTACHE

Voilà l'une de mes adresses fétiche pour danser et faire la fête à Sainte-Catherine. Voir p. 142.

LA PHARMACIE ANGLAISE

Quand j'ai envie de cocktails inspirés dans un cadre atypique et hors du temps, je file à la Pharmacie anglaise. Voir p. 145.

NOIR

Un génial bar à vins qui fait partie d'un trio gagnant, avec ses voisins De Haus et L'Amour Fou dans le quartier de Saint-Boniface. Voir p. 149.

La Pharmacie anglaise

À SAVOIR

OÙ SORTIR

C'est à proximité de la **Grand-Place,** mais aussi sur les places **Saint-Géry, Flagey** et du **Châtelain,** qu'on trouve la plus grande concentration de cafés, restaurants et boîtes branchées (renseignez-vous sur le dress code du club de votre choix pour pouvoir y entrer). Le Sablon est un quartier assez animé en début de soirée mais préférez-lui son pendant populaire, les **Marolles,** pour une ambiance plus décontractée. Près de la porte de Namur, la délicate **place Saint-Boniface** aligne les terrasses, à deux pas des bars africains de **Matonge.** Très animé en semaine, à l'heure de l'*afterwork* (parfois tardif) des fonctionnaires européens, le quartier de l'Europe a quant à lui tendance à rester assez sage durant le week-end. Mais pas d'inquiétude, quel que soit le quartier, Bruxelles offre toujours une occasion de faire la fête.

VIE NOCTURNE

Pour les noctambules, les magasins White Night et les épiceries tenues par des Indo-Pakistanais sont ouverts toute la nuit. On trouve absolument de tout, juste un peu plus cher que dans l'hypermarché de jour. Par sécurité, évitez de vous rendre à une heure tardive sur la place Anneessens et aux abords de la gare du Nord et de la gare du Midi si vous êtes à pied.

RÉSERVER UN SPECTACLE

Pour réserver une place de concert ou de spectacle depuis l'étranger, consultez le service de billetterie des sites Internet concernés ou téléphonez aux bureaux de location des salles de spectacle, qui vous enverront les places (carte de paiement internationale indispensable). Les FNAC ont par ailleurs un service billetterie pour un grand nombre de spectacles et d'expositions. Vous pouvez également vous procurer des places à moitié prix pour un spectacle qui a lieu le soir même. Retrouvez les offres sur le site **www.arsene50.be** ou rendez-vous à la billetterie (Arsène 50, BIP, 2-4, rue Royale (C2), M° Gare-Centrale, t.l.j. 12h30-17h).

SE REPÉRER

Chaque adresse de lieu de sortie est associée à une pastille violette numérotée. Vous retrouverez toutes les adresses positionnées sur le plan détachable.

Bars, clubs & sorties PAR QUARTIER

Autour de la Grand-Place, l'Îlot sacré (Quartier 1 - p. 24)

BREWDOG
Brasseur ① Plan I8

Sans peur, le brasseur écossais Brewdog a pris ses quartiers au pays de la bière ! Spécialisée dans des bières plus amères et houblonneuses, qui ont le vent en poupe, la brasserie complète son offre avec une très grande sélection de bières en bouteille parfois inédites en Belgique. Avec son incroyable terrasse au premier étage, elle frappe fort et donne raison à l'audace !

20, Putterie, M° Gare Centrale • ☎ 02 513 63 55 • www.brewdog.com • Lun.-jeu. 11h-1h, ven. 11h-2h, sam. 11h-2h.

THE SISTER
Bar ② Plan H7

Cette pépite de charme a une particularité surprenante pour un bar : ici, tout est bio, même le gin et le tonic ! En terres brassicoles, la carte offre une belle sélection de bières, à l'image de la Saison Dupont (3,50 €) et de la Blette (5,50 €). Ne manquez pas la formule découverte : 4 bières au choix pour 10 €.

3, rue Chair-et-Pain, M° Bourse ou Gare Centrale • ☎ 02 513 22 26 • www.thesister-brussels.com • T.l.j. 12h-minuit.

L'ÉPICERIE MODERNE
Bar-club ③ Plan H8

L'épicerie moderne, c'est un peu comme l'épicerie de quartier d'antan : on y va pour le lien social et l'on y trouve des produits de première nécessité pour faire face au quotidien. Ici il s'agit plutôt de bonnes sonorités et de belles choses pour les yeux et l'âme. Un lieu où il fait bon prendre le temps de boire un verre, de discuter ou de danser.

30, rue des Chapeliers, M° Bourse • www.epiceriemoderne.eu • Jeu. 22h-6h, ven.-sam. 22h-7h, dim. 22h-4h.

Brewdog

Poechenellekelder

GOUPIL LE FOL
Estaminet ④ Plan H8

La spécialité du lieu : les vins de fruits maison (7,50 €)... et une atmosphère relaxante de boudoir. Pièce centrale, le juke-box ne diffuse que de la chanson francophone avec un net penchant pour Brel, Piaf et Barbara ! Si l'ambiance tamisée est propice aux soirées romantiques, les fauteuils dépareillés accueilleront de savoureuses soirées entre amis. Et, des vieux amants aux complices en goguette, tous repartiront avec un bonbon au chocolat offert par le patron. Service inégal.

22, rue de la Violette, M° Bourse ou Gare-Centrale • ☎ 02 511 13 96 • www.goupillefol.com • T.l.j. de 16h au départ du dernier client.

CAFÉ NOVO
Café ⑤ Plan H8

Décor minimaliste et tables en bois pour un café-brasserie tout en longueur situé dans le quartier Saint-Jacques. La journée, on y mange volontiers des salades (12,50-15 €) ou des plats typiquement belges (12,80-14 €), on y lit les journaux et découvre les nombreux thés parfumés du comptoir voisin.

37, place de la Vieille-Halle-aux-Blés, bus 48 (arrêt Saint-Jean) • ☎ 02 503 09 05 • www.cafenovo.be • Mar.-sam. 11h-22h30, dim.-lun. 11h-18h.

POECHENELLEKELDER
Estaminet ⑥ Plan H8

Bien que situé face au Manneken-Pis, le Poech' a su préserver une

clientèle mixte et échapper au cliché du ghetto à touristes. Un patron haut en couleur, une large carte de bières (2,30-10 €) et de la bonne humeur sur plusieurs niveaux, tous de bois vêtus.
5, rue du Chêne, M° Bourse ou Gare-Centrale • ☎ 02 511 92 62 • www.poechenellekelder.be • Mar.-jeu., dim. 11h-1h, ven.-sam. 11h-2h.

MOEDER LAMBIC
Estaminet ⑦ Plan G8

Si vous souhaitez vous initier à la bière belge, c'est l'endroit idéal. Derrière le bar, plus de 46 pompes proposent le breuvage « au fût » à partir de 3,30 €, sans parler du choix de marques en bouteilles (à partir de 10,50 €). Au sous-sol, une chambre froide garantit, entre autres, une bière moins carbonisée que dans les cafés traditionnels ; toutes les brasseries proposées fonctionnent de manière artisanale.
8-10, place Fontainas, M° Anneessens • ☎ 02 503 60 68 • www.moederlambic.com • Lun.-jeu. et dim. 11h-1h, ven.-sam. 11h-2h.

LE FONTAINAS
Bar ⑧ Plan G8

Arty et *gay friendly*, ce bar rassemble les créatifs de Bruxelles en tout genre, des designers de mode aux graphistes dans une déco au look vintage. On y sirote jus, bières et cocktails tout en grignotant.
91, rue du Marché-au-Charbon, M° Bourse ou Anneessens • ☎ 02 503 31 12 • Dim.-lun. et jeu. 10h-1h, ven. 10h-2h, sam. 11h-2h.

CHEZ MAMAN
Cabaret ⑨ Plan H8

Une institution qui propose des spectacles transformistes kitsch à l'humour décapant. Quel que soit votre bord, passez la porte pour une soirée strass, paillettes et ambiance décalée. Si l'humeur est clairement gay, les hétéros sont les bienvenus. Et l'entrée est gratuite !
7, rue des Grands-Carmes, M° Bourse • www.chezmaman.be • Ven.-sam. 23h-5h.

AU SOLEIL
Estaminet ⑩ Plan G-H8

Un véritable estaminet tout en boiseries qui a rouvert ses portes en 1990, redynamisant tout le quartier. Musique jazzy, grande terrasse improvisée en été dans la rue piétonne et clientèle 20-40 ans très sympa.
86, rue du Marché-au-Charbon, M° Bourse ou Anneessens • ☎ 02 512 34 30 • Lun.-jeu. et dim 9h-1h, ven.-sam. 9h-2h • Bière : à partir de 1,90 € ; cocktail : 6,60 € ; soupe : 3 €.

LE BELGICA
Bar ⑪ Plan H8

Papiers peints arrachés, mobilier minimaliste, c'est le premier bar antidéco de la ville. Le roi Léopold II est aux premières loges pour regarder son bon peuple gay s'adonner aux joies de la drague.

Notre top DES ESTAMINETS

Comptoir alignant des dizaines de pompes, choix de bouteilles à donner le tournis ; la bière est chez elle dans les bars de Bruxelles. Entre la fille du cru, la gueuze, les gloires trappistes et les nouvelles générations qui laissent parler l'amertume, lancez-vous à la découverte du patrimoine liquide du pays.

À LA MORT SUBITE

L'adresse historique pour déguster une gueuze classique, un faro ou une kriek près de la Grand-Place. Voir p. 29.

MOEDER LAMBIC

Une institution connue pour la qualité du choix, du conseil et de l'ambiance. Voir p. 137.

THE SISTER

Mon repaire pour découvrir une autre facette de la production brassicole belge : les bières bio. Voir p. 135.

POECHENELLEKELDER

Face au Manneken-Pis, le célèbre Poechenellekelder est une adresse de charme et d'histoire à la carte bien fournie. Voir p. 136.

BRUSSELS BEER PROJECT

Le meilleur endroit pour se familiariser avec la bière belge du XXIe s., tenu par une équipe souriante. Voir p. 140.

Poechenellekelder

32, rue du Marché-au-Charbon, M° Bourse • ☎ 02 514 03 24 • www.lebelgica.be • Jeu. 20h-3h, ven.- sam. 21h-3h, dim. 20h-3h • Bière : 2,30-4 € ; cocktail : 7 € ; Happy hour jeu. 20h-22h.

ANCIENNE BELGIQUE
Bar à concerts ⑫ Plan H7

Le temple des bons concerts pop et rock par des artistes qui n'ont pas la grosse tête. Idéal pour passer un bon début de soirée !
110, boulevard Anspach, M° Bourse • ☎ 02 548 24 24 • www.abconcerts.be • Billetterie (sur place) : lun.-ven. 10h-18h • Concerts : à 18h ou 20h, billet selon la programmation.

THE MUSIC VILLAGE
Club de jazz ⑬ Plan H7

Près de la Grand-Place, deux maisons du XVIIe s. accueillent le Music Village, un club de jazz à la sauce new-yorkaise. Le mercredi, soirée des jeunes talents, les vendredis et samedis, grandes stars belges et internationales. À partir de 19h, dîner jazzy avec suggestions de plats chauds et froids (10-16 €).
50, rue des Pierres, M° Bourse • ☎ 02 513 13 45 • www.themusicvillage.com • Mar.-sam. 19h-1h • Concert à 21h (20h30 en semaine) • Entrée : de 7,50 à 20 € ; cocktail : 10 €.

LE CIRIO
Café ⑭ Plan H7

Un bon vieux café bruxellois où le temps semble s'être arrêté à la fin du XIXe s. Dans les pas du grand Jacques, goûtez un *half en half* (3,75 €), qui signifie « moitié-moitié » en flamand et qui est composé de vin blanc et de mousseux. C'est dans ce bar que le cocktail fut créé, dans les années 1930. Ne manquez pas non plus de jeter un œil aux toilettes...
18, rue de la Bourse, M° Bourse • ☎ 02 512 13 95 • Dim.-jeu. 10h-minuit, ven. 10h-1h, sam. 10h-2h.

NOSTALGIA-CLUB
Club ⑮ Plan I7

Les nostalgiques des 60's, 70's et 80's se retrouvent dans ce petit club façon 1970. Miroirs, slows alternant avec tubes disco, stroboscopes, canapés et coins sombres... Tout est fait pour vous aider à retrouver vos jeunes années et faire des rencontres.
49-51, rue de la Fourche, M° De Brouckère • ☎ 02 513 32 91 • www.nostalgia-club.be • Ven.-sam. et veille j.f., de 22h à l'aube • Entrée gratuite ; cocktail : 9,50 €, bière : 5 €.

LE DELIRIUM CAFÉ
Estaminet ⑯ Plan I7

Demandez la carte des bières, vous vous retrouverez avec une espèce d'annuaire détaillé entre les mains. L'établissement s'enorgueillit en effet de servir plus de deux mille bières différentes ! L'adresse est très prisée par les Bruxellois, la salle du bas à l'ambiance survoltée est donc souvent bondée, mais les tables de l'étage offrent un

Le Delirium Café

peu plus de calme. Le jeudi soir à 21h30, jam sessions (rock ou jazz).
4a, impasse de la Fidélité, M° Bourse ou Gare-Centrale • ☎ 02 514 44 34 • www.deliriumcafe.be • Lun.-sam. 10h-4h, dim. 10h-2h • Bière : à partir de 2 €.

FLORIS BAR
Bar ⑰ **Plan I7**

Mêmes propriétaires et même choix qu'au Delirium d'en face, mais cette fois, il est question d'alcools forts. Vous pourrez donc déguster pléthore de whiskys, vodkas et gins, mais aussi de l'absinthe, la spécialité. Une occasion plutôt rare de flirter avec la fée verte en toute sécurité ! Reste à choisir le cérémonial de dégustation entre la fontaine d'eau, la cuillère percée dans laquelle il faut faire fondre un sucre ou la pipe.
2, impasse de la Fidélité, M° Bourse ou Gare-Centrale • ☎ 02 514 44 34 • www.florisbar.com • T.l.j. 20h-6h • Absinthe : à partir de 3 € (jusqu'à 100 € !).

Saint-Géry, autour de la rue Dansaert (Quartier 2 - p. 32)

BRUSSELS BEER PROJECT
Brasseur ⑱ **Plan B1**

L'aventure a commencé grâce à un financement participatif : les bières étaient testées et notées dans quelques bars et la lauréate du vote gagnait une production « en masse ». C'est ainsi qu'est née la Delta, suivie par la Babylone ou encore la Grosse Berta. Le projet a pris de l'ampleur et la jolie bande a ouvert le Brussels Beer Project, une brasserie et un bar en bord de canal ! Dans l'esprit des débuts, les visiteurs peuvent soutenir leur nouveauté préférée en espérant la voir commercialisée à grande échelle dans les mois suivants.
188, rue Antoine Dansaert, M° Comte-de-Flandre ou Sainte-Catherine • ☎ 02 502 28 56 • www.beerproject.be • Jeu.-sam. 14h-22h.

L'ARCHIDUC
Piano-bar ⑲ **Plan G7**

Un piano-bar Art déco où siroter un whisky (dès 7 €). On y croise le chanteur Arno sur fond de musique jazz, parfois live. Une institution de Bruxelles.

6, rue Antoine-Dansaert, M° Bourse ou Sainte-Catherine • ☎ 02 512 06 52 • www.archiduc.net • T.l.j. 16h-5h.

CAFÉ BIZON
Bar à concerts ⑳ Plan G7

Un bar-saloon surveillé par un bison placide où le jazz et le blues sont rois. Jam sessions tous les lundis ! Clientèle éclectique et accueil chaleureux.

7, rue du Pont-de-la-Carpe, M° Bourse • ☎ 02 502 46 99 • www.cafebizon.com • Lun.-jeu. 16h-2h, ven. 16h-4h, sam. 18h-4h, dim. 18h-2h • Cocktail « Bizon blood » : 5 €.

LE ROI DES BELGES
Café ㉑ Plan G7

Au rez-de-chaussée, un café traditionnel avec une grande terrasse, et à l'étage, un salon cosy qui accueille une clientèle européenne pour des soirées bercées par les sonorités électroniques des DJ le week-end. Fabuleux bar à cocktails colorés.

35-37, rue Jules-Van-Praet, M° Bourse • ☎ 02 513 51 16 • www.leroidesbelges.be • Lun.-jeu. et dim. 9h-1h, ven.-sam. 9h-3h • Cocktails : 8,60-9,60 €.

ZEBRA
Bar à concerts ㉒ Plan G7

Une grande terrasse au soleil qui ne désemplit pas en été, de la musique ethnique le soir, des salades et *focaccia* à toute heure et des prix très raisonnables. Clientèle variée : milieu artiste flamand, gay, étudiant, branchés de tout poil.

31-35, place Saint-Géry, M° Bourse • ☎ 02 511 09 01 • T.l.j. 11h-2h ; DJ set le ven. soir et musique live le sam. soir • Happy hour : t.l.j. 21h-22h.

LE CAFÉ CENTRAL
Bar à concerts ㉓ Plan G7

La jeunesse bruxelloise trouve toujours une bonne raison de se rassembler ici. En semaine, les concerts s'enchaînent toute la soirée, tandis que le dimanche (20h), le bar se transforme en ciné-club. Entre deux événements,

Le Café Central

ou en journée, il fait toujours bon y boire une bière dans cette ambiance détendue.

14, rue Borgval, M° Bourse • ☎ 02 513 73 08 • www.lecafecentral.com • T.l.j. 15h-4h • Bière : 2 €.

Sainte-Catherine, autour des quais (Quartier 3 - p. 38)

MONK
Bar ㉖ Plan G6

Avec son auvent noir-jaune-rouge, le Monk transpire la « belge attitude ». Malgré les banquettes en bois verni et l'histoire du lieu plus vieille qu'un valeureux pilier de bar, le Monk tient plus du Bruxellois branché que du *brusseleir* figé dans le passé. Le bar propose par exemple une sérieuse carte de « G&T's » (Gin Maré, thym, tonic, 11,50 €) pour accompagner une sélection de bières à prix bien plus doux.

42, rue Sainte-Catherine, M° Sainte-Catherine • ☎ 02 511 75 11 • www.monk.be • Mar.-jeu. 11h-1h, ven.-sam. 11h-3h, dim. 13h-1h.

MADAME MOUSTACHE
Club et concerts ㉗ Plan H6

Dans une ambiance entre saloon à la *Deadwood* et cirque de l'étrange, l'équipe du *freak show* de Madame Moustache fait danser les foules de jeunes *trendy*. En prime : une petite salle pour se poser et une longue carte de cocktails maîtrisés.

5-7, quai au Bois-à-Brûler, M° Sainte-Catherine • ☎ 0489 739 912 (mob.) • www.madamemoustache.be • Mar.-sam. 20h-4h • Cocktails 7-9 €.

CAFÉ WALVIS
Bar ㉘ Plan B1

Ce café en vogue est situé tout au fond de la très branchée rue Dansaert. *Trendy* à souhait derrière une façade je-m'en-foutiste, c'est néanmoins une très agréable adresse à proximité du canal, dotée d'une terrasse bien exposée. Bande-son diversifiée et savamment étudiée.

209, rue Antoine-Dansaert, M° Sainte-Catherine • ☎ 02 201 85 81 • T.l.j. 10h-2h.

Café Walvis

Théâtre royal de la Monnaie

De Brouckère, vers le CBBD (Quartier 4 - p. 42)

THÉÂTRE ROYAL DE LA MONNAIE
Opéra (30) Plan I6

Première scène lyrique de Belgique, sa réputation a dépassé les frontières au point qu'il est plus facile pour un étranger que pour un Bruxellois non abonné d'obtenir une place via un centre de réservation. Outre les spectacles d'opéra, il organise concerts et ballets.

Place de la Monnaie, M° De Brouckère • ☎ 02 229 12 11 (infos) ou ☎ 070 23 39 39 (résa ; mar.-ven. 12h-18h, sam. 11h-18h ; 0,30 €/min) • www.lamonnaie.be • F. de mi-juil. à mi-août • Billet : 10-159 €.

GRAND CASINO BRUSSELS VIAGE
Casino (31) Plan H6

Dans cet énorme centre, accueillant également un hôtel et des salles de conférences, les amateurs de jeux peuvent se divertir au black-jack, pocker, punto banco, taquiner les machines à sous ou encore miser à la roulette. L'établissement dispose aussi de machines de vidéo poker.

30, boulevard Anspach, M° De Brouckère • ☎ 02 300 01 00 • www.viage.be • Lun.-jeu. et dim. 12h-4h, ven.-sam. 12h-5h • Non-membre, entrée payante : 10 € (5 € jetons + 1 boisson).

UGC DE BROUCKÈRE
Cinéma (32) Plan H6

Douze salles de cinéma modernes, dont une grande à la décoration Art déco des années 1930, composée de reliefs dorés d'inspiration colonialiste illustrant la vie quotidienne au Congo à cette époque. Étonnant !

38, place De Brouckère, M° De Brouckère • ☎ 02 211 14 14 • www.ugc.be • Entrée : 9,90-10,30 € (séance avant midi : 6 €).

La Pharmacie anglaise

LE CORBEAU
Club ③③ Plan I6

Après un passage dans ce bar, l'expression « danser sur les tables » ne sera plus seulement une allusion imagée à des soirées trépidantes et délirantes. Au Corbeau, brasserie en journée, les meubles sont réquisitionnés dès le début de soirée pour des déhanchés endiablés. Le jeudi, le vendredi et le samedi, les 18-35 ans s'y déchaînent jusqu'à l'aube sur de la musique live ou des tubes des années 1970 à nos jours.

18, rue Saint-Michel, M° De Brouckère ou Bourse • ☎ 02 219 52 46 • www.lecorbeau.be • Lun.-jeu. 10h-1h, ven.-sam. de 10h à l'aube • Bière : 2,60-4 €.

THÉÂTRE NATIONAL
Théâtre ③④ Plan C1

Le théâtre de la communauté française de Belgique, installé dans un écrin de verre, propose de grandes productions théâtrales, des auteurs classiques, de l'opéra, de la danse et des spectacles de cabaret.

111-115, bd É.-Jacqmain, M° Rogier • ☎ 02 203 41 55 (infos) ou ☎ 02 203 53 03 (résa ; mar.-sam. 11h-18h) • www.theatrenational.be • Spectacles à 20h15 et 20h30 (mer. 19h30, dim. 15h) • Billet : 21-45 €.

Le mont des Arts, vers le palais royal (Quartier 5 - p. 48)

LA PHARMACIE ANGLAISE
Bar à cocktails ㉟ Plan C2

Cette ancienne pharmacie a gardé le pouvoir de guérir bien des maux ! Son allure de cabinet de curiosités - à observer avec délice depuis la galerie à l'étage -, enchantera les adeptes de bizarreries anatomiques et de littérature magique. Sa carte de cocktails de haute voltige finira de dérider ceux sur qui le charme du lieu n'avait pas opéré avec, par exemple, l'Oasis (téquila, kumquat, citron vert et Apérol, 13 €).

66, Coudenberg, M° Gare-Centrale • ☎ 0489 560 736 (mob.) • www.lapharmacieanglaise.com • Mer.-jeu. 17h30-1h, ven.-sam. 17h30-2h.

BOZAR MUSIC
Concerts et spectacles ㊱ Plan C2

Construit par Victor Horta, il est le siège de la société philharmonique de Bruxelles, qui y présente des concerts tout au long de l'année. À l'affiche également : des interprètes de renommée internationale, de la danse et des jeunes talents. Il accueille trois années sur quatre, en mai, le prestigieux Concours reine Élisabeth (voir p. 18).

23, rue Ravenstein, M° Gare-Centrale • ☎ 02 507 84 30 ou ☎ 02 507 82 00 (résa ; mar.-ven. 11h-19h, sam. 13h-19h) • Billetterie : 16, rue Ravenstein ; mar.-sam. 11h-19h et une heure avant la représentation • www.bozar.be • Concerts à 19h30, 20h (dim. 11h et 15h) • Billet : 9-100 €.

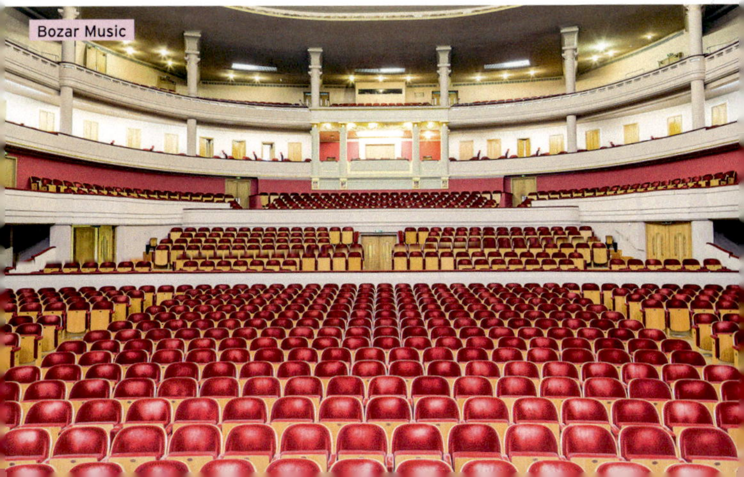
Bozar Music

Le Sablon et le parc d'Egmont (Quartier 6 - p. 58)

CONSERVATOIRE ROYAL DE BRUXELLES
Musique classique (40) Plan C3

Le conservatoire royal de Bruxelles propose une programmation d'une soixantaine de concerts donnés par les étudiants ou les lauréats du Concours musical international reine Élisabeth (p. 18) dans la grande salle du conservatoire, mais aussi dans l'église des Minimes et au palais de Charles de Lorraine. Sachez que certains concerts à 12h30 sont gratuits, renseignez-vous au conservatoire.

30, rue de la Régence, tram 94 (arrêt Royale) • ☎ 02 511 04 27 • www.conservatoire.be • Billet : 10-35 €.

LA PORTE NOIRE
Bar celtique (42) Plan C2

Niché dans les anciennes cuisines du couvent des Alexiens, ce bar voûté fait la part belle aux ambiances celtiques et mystérieuses. Plus de cent cinquante bières avec un petit plus : une dizaine d'entre elles, dont la sucrée Barbar (3,60 €) et la rare Noire d'Ottignies, sont servies à la pression. Grand choix de whiskys. Concert (rock, folk) tous les jeudis, jam blues le 3e mercredi du mois, et jam session irlandais le 2e mardi du mois.

67, rue des Alexiens, bus 48 ou 95 (arrêt Saint-Jean) • ☎ 02 511 78 37 • www.laportenoire.be • Lun.-sam. 17h-3h.

Les Marolles et la place du Jeu-de-Balle (Quartier 7 - p. 62)

L'EAU CHAUDE
Café (43) Plan C3

Quand les propriétaires de cette institution des Marolles *old school* ont décidé de mettre la clé sous la porte, un groupe a décidé d'y exprimer sa vision d'une société où il fait bon vivre. Les bières sont bien sélectionnées (auprès de la formidable brasserie Dupont ou de la bruxelloise brasserie de la Senne) et de nombreuses activités sont régulièrement proposées. Concert, soirée jeux de société, écoute collective de documentaires radiophoniques, slam, cabarets politiques, activités pour enfants... Le café dans toute sa dimension sociale.

25, rue des Renards, M° Louise et tram 92 ou 93 (arrêt Poelaert) • ☎ 02 513 91 59 • www.leauchaude.be • Jeu.-dim. 11h-18h.

FUSE
Club (44) Plan B3

Les jeunes ne jurent que par cette boîte au cœur des Marolles pour s'éclater sur de la techno

Recyclart

et de la house mixées par les meilleurs DJ. Les soirées à thème et les concerts annoncés par les flyers sont légion. Mégasoirée gay exclusive une fois par mois (www.lademence.com).
208, rue Blaes, M° Porte-de-Hal • ☎ 02 511 97 89 • www.fuse.be • Sam. 23h-7h (parfois ven. et dim.) • Entrée : à partir de 8 €.

RECYCLART
Centre culturel ㊻ Plan C2-3

Installée dans la gare de Bruxelles-Chapelle, ce centre s'attache principalement aux subcultures. Concerts, expos et happenings en tous genres sont portés par un projet social de transition professionnelle. Ne pas rater le bar et le resto en semaine.
25, rue des Ursulines, tram 3 ou 4 (arrêt Anneessens) • www.recyclart.be
Bar et resto Recyclart : ☎ 02 289 00 59 • Mar.-ven. 9h30-17h (bar) ; 12h-15h (resto).
Centre d'Arts Recyclart : ☎ 02 502 57 34.
Permanence administrative : lun.-ven. 9h-17h + selon la programmation.

Saint-Boniface et Matonge (Quartier 8 - p. 68)

L'AMOUR FOU
Bar ㊼ Plan D3

Certes on y boit et on y grignote très bien, mais L'Amour Fou est bien plus qu'un bar-resto. Avec ses envies d'échanges culturels, il expose, projette (des films) et fait découvrir tout ce qui lui passe de bon

Le top des terrasses

Comme pour faire un pied de nez à sa réputation de ville les pieds dans les flaques, Bruxelles a multiplié les terrasses de caractère. Les draches, les averses locales, semblent juste bonnes à faire fleurir de vastes espaces aux vues charmantes, pris d'assaut aux premiers rayons de soleil.

BREWDOG

Une petite merveille perchée au premier étage avec vue sur la flèche de l'hôtel de ville. Voir p. 135.

CAFÉ BELGA

Un rendez-vous devenu un classique au pied du Flagey, l'ancienne Maison de la Radio. Voir p. 153.

CAFÉ WALVIS

Dans Sainte-Catherine, un bon point d'observation pour regarder le quartier du canal en pleine mutation. Voir p. 142.

CHALET ROBINSON

Déconnexion garantie sur cet îlot lové dans le bois de la Cambre à Ixelles. Voir p. 153.

LE GRAND CENTRAL

Le charme de la démesure pour ce gigantesque espace. Deux terrasses, une au rez-de-chaussée, l'autre au 1er étage. Voir p. 154.

Café Belga

dans les oreilles. Tous les mois des albums sont sélectionnés, diffusés et vendus pour faire connaître de nouveaux talents. Concerts en prime.

185, chaussée d'Ixelles, bus 71 (arrêt Fernand-Cocq) • ☎ 02 325 73 53 • www.lamourfou.be • Lun.-jeu. 18h-22h30, ven. 12h-15h et 18h-23h, sam. 11h-16h et 18h-23h, dim. 11h-16h et 18h-22h30 • Bière : 2,50-4,50 €.

NOIR
Bar à vins ㊽ Plan D3

L'Amour Fou fait des petits. Après De Haus (au n° 183, notamment spécialisé dans les gins tonic), voici Noir, le bar à vins du même propriétaire inspiré. Les flacons, tout comme le service, sont de la mouvance « naturelle » (environ 4 € le verre). Côté déco, un jeu d'hexagones en bois et de teintes sombres crée un cocon intime et sophistiqué qui invite à la dégustation.

181, chaussée d'Ixelles, bus 54-71 (arrêt Fernand-Cocq) • http://noirwinebar.be • Mar.-jeu. 18h-1h, ven.-sam. 18h-3h.

AA
Café ㊾ Plan D3

De l'extérieur, ce café a l'air trop « dans son jus », trop improbable, pour ne pas être honnête. Une aura décalée qui colle avec la plaque municipale qui le décore : rue Van AA, quelle poésie ! À l'intérieur, tout est là : les carreaux marron au sol, les plantes vertes, le mobilier dépareillé. Seuls les luminaires industriels qui tombent en pluie et les murs blancs indiquent que l'aventure est récente pour ce bar qui sert de la bière au fût et passe de la bonne musique.

36, rue Van Aa, bus 54-71 (arrêt Fernand-Cocq) • ☎ 0493 192 138 (mob.) • Mar., jeu. 12h-21h, ven.-sam. 12h-22h.

SOUNDS JAZZ CLUB
Club de jazz ㊿ Plan D3

Sounds Jazz Club est un petit café-concert qui réunit les amateurs de jazz et une fois par semaine (le mercredi) les passionnés de salsa. Jam session le lundi. Avec un tel programme, pas une minute pour s'ennuyer !

28, rue de la Tulipe, M° Porte-de-Namur • ☎ 02 512 92 50 • www.soundsjazzclub.be • Lun.-sam. 20h-4h • Concert : lun.-jeu. 21h30, ven.-sam. 22h • Billet : 5-15 € ; parfois gratuit.

BAR DE L'HÔTEL LE BERGER
Bar (51) Plan D3

Un *aperitivo* romantico-italien avec un cocktail (11 €) accompagné, pour le même prix, d'*antipasti*. Si l'alcool vous fait perdre la tête, couchez-la sur l'oreiller de cette ancienne maison de rendez-vous (p. 212)...

24, rue du Berger, M° Porte-de-Namur ou Louise ☎ 02 510 83 40 • www.lebergerhotel.be • Lun.-sam. 17h30-minuit.

Chez Franz

Le Châtelain et le musée Horta (Quartier 9 - p. 72)

PEPETE ET RONRON
Bar à vins ⑤② Plan C4

« Pepete et Ronron », voilà un nom décalé à souhait et tout à fait dans l'esprit du lieu qui associe bon vin (au verre et à la bouteille, dès 3,50 €) et assortiments de tapas. Un lieu où inventer des noms de bars saugrenus, retricoter le monde et s'abstraire du quotidien.

40, place du Châtelain, tram 81 (arrêt Trinité) ou 93/94 (arrêt Janson) • ☎ 02 648 19 11 • www.pepeteetronron.be • Lun.-sam. 11h-23h.

CHEZ FRANZ
Bistrot ⑤③ Plan C5

Ce troquet-resto de quartier aux allures vintage est « *the place to be* ». On traverse la ville rien que pour ses apéros, à toute heure, sur la terrasse ou à l'intérieur. L'hiver, on s'y tient chaud car le lieu n'est pas bien grand... C'est ce qui fait son charme.

30, avenue du Haut-Pont, tram 94 (arrêt Ma-Campagne) • ☎ 02 347 42 12 • www.chezfranz.com • Lun.-jeu. 8h-minuit, ven. 8h-1h, sam. 10h-1h, dim. 10h-minuit • Bière Maes : 2 €.

LE BAR DU MATIN
Café ⑤④ Plan B4-5

Si le Bar du Matin attire la faune branchée de la capitale, c'est qu'il sait parler à la jeunesse tendance : DJ sets (jeu. soir), concerts « comme un lundi », apéro Photomatic le mercredi... Des rendez-vous courus dans un cadre original !

172, chaussée d'Alsemberg, M° Albert • ☎ 02 537 71 59 • http://bardumatin.blogspot.com • Lun.-mer. et dim. 8h-1h, jeu.-sam. 8h-2h • Bière : 2,50 €.

CAFÉ MAISON DU PEUPLE
Café (55) Plan C4

Jeunes indépendants matinaux surfant sur leur ordinateur, salariés venus pour le lunch et, le soir, jeunes arty et alternatifs qui refont le monde… Un vrai brassage ! Dimanche, on vient en famille, après le marché, pour un croque-monsieur (7 €) ou des lasagnes bolognaise (10 €). Le week-end, un DJ habille les murs de brique de sonorités variées. Expositions, concerts, *Graphic Battle* (une bataille de graphistes accompagnée par un DJ).

39, parvis Saint-Gilles, M° Parvis-Saint-Gilles • ☎ 02 850 09 08 • www.cafemdp.com • Dim.-jeu. 8h30-1h, ven.-sam. 8h30-3h • Cocktail : 7,50-12 €.

Flagey et les étangs d'Ixelles (Quartier 10 – p. 80)

HORTENSE
Bar à cocktails (39) Plan D4

Cette ancienne mercerie accueille désormais un élégant bar à cocktail. Levez les yeux pour admirer le magnifique plafond peint et les moulures dorées. La courte carte mêle différentes audaces comme le Bambou (vodka, eucalyptus et citron) ou le Cinco (bière belge, bitter et mezcal).

2, rue de Vergnies • ☎ 0474 653 706 (mob.) • Mer.-dim. 19h-1h • Cocktails : 12 €.

LE TIGRE
Bar (56) Plan D4

Installé dans une rue au nom évocateur, ce lieu félin a su caresser la jeunesse bruxelloise dans le sens du poil. Il a l'allure de ces bars de quartier pour lesquels, paradoxalement, on traverserait la ville, cocktails dépaysants en plus. Vide-dressing, concerts, matchs, soirées à thème, DJ le vendredi… Bref, des ambiances changeantes mais avec un dénominateur commun : la décontraction.

117-119, rue de la Brasserie, tram 81 et bus 59-71 (arrêt Flagey) • ☎ 0478 628 749 (mob.) • Mar.-ven. 16h-1h, sam.-dim. 10h-1h.

LE PETIT CANON
Bar à vins (57) Plan D4

L'heure de l'apéro a sonné ? Profitez de la terrasse du Petit

Le Petit Canon

Nos clubs préférés

Capitale festive, Bruxelles compte une dizaine de pistes de danse en tout genre. Avec l'ouverture du Fuse (p. 146) en 1994, la ville s'impose rapidement comme une référence techno en Europe. Des DJ d'envergure internationale continuent d'animer les nuits, et les adeptes de bars dansant diffusant des tubes pop-rock trouveront également une salle à leur mesure. Dress code variable en fonction de l'ambiance.

FUSE

C'est LE club incontournable de Bruxelles qui attire les amateurs de house et de techno. Les plus grands DJ s'y produisent dans une ambiance survoltée ! Voir p. 146.

MADAME MOUSTACHE

Ambiance rétro et décontractée pour une soirée de concert ou de danse. Le cadre mérite à lui seul le détour. Idéal pour danser le rock ! Voir p. 142.

Bar du Marché

Madame Moustache

BAR DU MARCHÉ

Vendredi et samedi, un DJ anime les soirées jusque tard dans la nuit. Une ambiance décontractée, de merveilleux cocktails et de la bonne musique... Voir p. 153.

LE CORBEAU

Une institution des étudiants et jeunes actifs pour des soirées déjantées qui se terminent sur les tables. Voir p. 144.

Canon lorsqu'elle est réchauffée par le soleil. Ce bar à vins séduit tous les cœurs avec sa sélection variée (de 4 à 6,50 € les suggestions), du verre de rosé maison aux crus plus subtils. Et si le temps est morose, filez vous réconforter dans sa petite salle chaleureuse avec une carte « grignotage » de haute volée.

98, rue de Hennin, tram 94 (arrêt Bailli) • ☎ 02 640 38 34 • T.l.j. 16h-23h.

CAFÉ BELGA
Bar (58) Plan D4

Même si sa cote a quelque peu baissé, le Belga reste un incontournable parmi les bars branchés de la capitale belge. Pour ce qui est de la carte des bières, la très hype Duvel (3,80 €) est à l'honneur. Le cadre Art déco, les larges baies vitrées donnant sur la place et l'étang et la programmation musicale de qualité en font un point de chute très agréable.

18, place Flagey, bus 71 ou tram 81 (arrêt Flagey) • ☎ 02 640 35 08 • www.cafebelga.com • Dim.-jeu. 7h30-2h, ven.-sam. 8h-3h.

BAR DU MARCHÉ
Bar (59) Plan D4

Les habitués du « BDM » ne ratent pas l'apéro des mercredis et vendredis soir, surtout lors des happy hours (lun.-mer. 22h-23h, jeu.-sam. 23h-minuit). DJ le week-end et sessions de jazz certains dimanches de 17h à 20h.

12, rue Alphonse-De-Witte, tram 81, bus 71 (arrêt Flagey) • ☎ 02 648 31 05 • www.lebardumarche.tumblr.com • Lun.-mer. 16h-2h, jeu. 16h-3h, ven. 16h-4h, sam. 12h-4h, dim. 12h-2h.

LES JEUX D'HIVER
Club (60) HP par D5

Tous les hits, mais pas de house pour les Marie-Chantal et les Charles-Édouard du coin (c'est-à-dire d'Uccle) qui s'y rendent en Porsche ou en BMW... Même si vous n'en n'êtes pas, il faut voir ça une fois dans sa vie.

Bois de la Cambre, chemin du Croquet, tram 94 (arrêt Marie-José) • ☎ 02 649 08 64 • www.jeuxdhiver.be • Jeu. et sam. 20h-5h ou 6h.

CHALET ROBINSON
Bar-restaurant (61) HP par D5

Dans le joli bois de la Cambre, venez jouer au Robinson sur une île. Prenez un bac (3 min de traversée) et installez-vous sur la terrasse, l'été, un Bellini (12 €) à la main et les canards aux pieds. Une gaufre à 16h (5-6 €), un apéro le soir ou un dîner... Le Chalet est avant tout un restaurant (menus 32-47 €).

1, sentier de l'Embarcadère, tram 25 ou 94 (arrêt Brésil) ou bus 41 (arrêt Vert-Chasseur) • ☎ 02 372 92 92 • www.chaletrobinson.be • Lun.-sam. 12h-23h, dim. 11h-23h.

Beers Bank

Le quartier européen, autour du Parlement (Quartier 11 - p. 84)

BEERS BANK
Estaminet ⑥② Plan E3

Cette ancienne banque mise tout sur les investissements en liquide. Plus de 150 bières sont proposées à la dégustation, certaines sont exposées dans la salle des coffres. Elles sont majoritairement originaires de brasseries belges et démarrent à 2,50 €. Il faut néanmoins se frayer un chemin entre les poids lourds comme Leffe ou Hoegaarden - disponibles dans des déclinaisons rarement vues à la carte qui raviront les amateurs - afin de trouver des bières plus artisanales (brasserie de la Senne).

34, place Jourdan, M° Schuman ou bus 59, 60 ou 80 (arrêt Jourdan) • ☎ 0491 648 170 (mob.) • http://beersbank.be • T.l.j. 9h-minuit.

LE GRAND CENTRAL
Bar ⑥③ Plan E3

Frédéric Nicolay a encore frappé ! Après le Belga, le Walvis, le Potemkine et le Zebra, l'entrepreneur aux projets d'or a ouvert un gigantesque et superbe bar de 600 m^2 en bordure du parc Léopold tout simplement baptisé « Le Grand Central ». Avec ses grandes poutres en béton armé, son style industriel qui ne feint pas le brut, la terrasse perchée dans la végétation, des cocktails (12 €) et des snacks au barbecue, ce bar a tout pour faire chavirer les cœurs d'une faune branchée en quête de lieux de fête.

190, rue Belliard, M° Schuman • ☎ 02 721 12 52 • www.legrandcentral.com • Lun.-sam. 10h à tard, dim. 10h-20h.

Le Cinquantenaire et la maison Cauchie (Quartier 12 - p. 90)

PIOLA LIBRI
Bar à vins (64) Plan E2

Des bons livres et du bon vin… Que demander de plus ? La mauvaise nouvelle c'est que les livres de cette librairie sont en italien… La bonne ? Les vins aussi sont de la Botte ! La maison a de plus le bon goût d'avoir importé la tradition de l'*aperitivo* : des gourmandises à grignoter sont proposées gratuitement avec les verres de vin ou les spritz (6 €). *Meraviglioso !*

66-68, rue Franklin, M° Schuman • ☎ 02 736 93 91 • www.piolalibri.be • Lun.-ven. 11h-20h, sam. 12h-18h.

Hors quartiers de visite

BOTANIQUE
Centre culturel (65) Plan D1

Le centre culturel de la communauté française, logé dans le cadre prestigieux des anciennes orangeries et des serres tropicales, organise des concerts, des projections et différents festivals, toujours à la pointe de l'actualité multiculturelle.

236, rue Royale, M° Botanique • ☎ 02 218 37 32 • www.botanique.be • Lun.-ven. 11h-18h, sam.-dim. 12h-18h • Concerts : à 20h • Billet : 15-30 € (3 € de moins en prévente).

HALLES DE SCHAERBEEK
Centre culturel (66) Plan D1

Les halles de Schaerbeek, une structure de verre et de fer témoignant de l'architecture industrielle du XIXe s., sont devenues un centre culturel multimédia branché (danse, théâtre, performances, cirque).

22, rue Royale-Sainte-Marie, tram 94 (arrêt Sainte-Marie) • ☎ 02 218 21 07 • www.halles.be • Billetterie : mar.-ven. 12h-13h et 14h-18h, sam.-dim. 14h-18h • Billet : 9-18 €.

KOEK'S THÉÂTRE
Café-théâtre (67) Plan HP par B1

C'est un vrai café-théâtre où se produisent des comiques belges et français. L'humour y est à l'honneur mais avec une règle : arriver à l'heure. Les spectacles commencent à 20h30 tapantes !

18, avenue de Jette, M° Simonis • ☎ 02 428 66 79 • www.koeks.be • Lun.-sam. 10h-17h30 • Spectacles : mar.-dim. à 20h30 (consulter programmation sur le site Internet) • Billet : 18 €.

Lambic ou gueuze ?

Parmi les quelque quatre cents variétés de bière belge, il en est une dont la saveur ne doit pas être très éloignée du breuvage que buvaient les Égyptiens il y a cinq mille ans. Entre le vin et la bière, la gueuze, obtenue par fermentation sauvage, possède, grâce à un long processus de vieillissement en fût, une profondeur et une subtilité qui démentent sa réputation de boisson peu raffinée. Fierté des Bruxellois, elle, qui ne peut être brassée, prétend-on, qu'entre Halle et Vilvorde, est la dernière bière de fermentation spontanée depuis la découverte par Pasteur des secrets de la levure.

PREMIÈRE ÉTAPE, LE BRASSAGE

Après un concassage grossier, les grains de **froment** (35 %) et d'**orge maltée** (65 %) sont mélangés dans une cuve avec de l'eau chauffée à 72 °C. Au bout de deux heures, le processus de saccharification étant achevé, le moût (mélange sucré du malt et du froment en dépôt au fond de la cuve) est pompé dans de grandes cuves d'ébullition dotées d'hélices. On ajoute alors, en quantité plus élevée que pour les autres bières, le **houblon** suranné (de trois ans d'âge pour éviter un excès d'amertume), qui assure la conservation de la bière et lui donne son arôme. Pendant les trois heures d'ébullition, le brasseur perd environ un quart du volume total par évaporation de l'eau, mais augmente la teneur en sucre et donc en alcool de la bière.

Un musée vivant : la brasserie Cantillon

Si vous êtes à Bruxelles durant la saison du brassage (oct.-avr.), ne manquez pas la visite de la brasserie Cantillon, l'un des derniers brasseur artisanal de gueuze. Vous aurez peut-être la chance d'assister à un brassin matinal et, c'est sûr, le droit à une dégustation.

56, rue Gheude (B2), M° Clemenceau ou tram 3 (arrêt Lemonnier) • ☎ 02 521 49 28 • www.cantillon.be • Lun.-mar. et jeu.- ven. 10h-17h, sam. 10h-17h • Entrée : 7 € (avec dégustation).

UN ENSEMENCEMENT NATUREL

Le futur lambic est pompé dans de grands bacs de faible profondeur disposés sous les combles bien ventilés de la brasserie, où il refroidit toute une nuit durant, passant de 95 à 20 °C. C'est à ce moment-là que se produit **l'en-**

Brewspot

semencement spontané, provoqué par des ferments sauvages - dont le *Brettanomyces bruxellensis* - en suspension dans l'air de la **vallée de la Senne**, lesquels donnent le goût si particulier du lambic. Il ne reste plus qu'à acheminer le précieux liquide vers les pipes (650 litres) ou barriques (250 litres) en bois de chêne ou de châtaignier.

NAISSANCE DU LAMBIC

Au bout de quelques jours débute la fermentation spontanée, c'est-à-dire la **transformation du moût en alcool** et CO_2. Violente pendant quatre semaines, elle se fait plus lente et plus complexe durant une période de un à trois ans. On obtient une bière sans mousse, au goût acide et aux arômes subtils qui se développent en bouche. C'est le **lambic**. On peut le consommer tel quel chez le brasseur ou dans quelques rares estaminets bruxellois (À la Bécasse, p. 106). L'une des variétés est le **faro**, un lambic additionné de sucre de canne.

LA GUEUZE, LE CHAMPAGNE DE LA BIÈRE

Pour obtenir de la **gueuze**, le maître brasseur sélectionne cinq ou six lambics d'un, deux et trois ans d'âge, les plus jeunes apportant les sucres naturels nécessaires à la champagnisation et les plus âgés, le bouquet et la finesse. Après une nouvelle fermentation de plusieurs mois en bouteille, la gueuze devient pétillante et acide, d'un arôme proche du cidre, le goût variant en fonction des années et des mélanges. Les versions les plus originales sont celles dans lesquelles on ajoute des fruits. La **kriek**, obtenue par l'ajout de griottes, est acidulée, rafraîchissante et a un arrière-goût d'amande.

Brasser sa propre bière

Et si, plutôt que de ramener des bières à l'étiquette marrante, vous mettiez dans vos valises une bière brassée par vos soins ? Un week-end par mois, Brewspot propose de vous initier à la méthode « tout grain » et de vous laisser repartir avec des bouteilles brassées selon la même technique ainsi qu'un kit complet de brassage pour retenter l'expérience à la maison.

www.brewspot.com • Cours découverte de 4h : 59 € ; dégustation : 49 € ; module maître brasseur sur deux après-midis, théorie et pratique : 129 €.

Boutiques

PAR QUARTIER

Les coups de cœur DE NOTRE AUTEUR 2018

Adepte des balades lèche-vitrine, notamment dans les quartiers du Châtelain et de Sainte-Catherine, notre auteur vous livre ses coups de cœur à travers toute la ville.

THE GRASSHOPPER

Ma madeleine de Proust pour renouer avec l'enfance dans ce temple du jouet aussi puissant que de la poudre de fée. Voir p. 165.

AVEC PLAIZIER

Les cartes postales et affiches déjantées que tout le monde s'arrache ? Je les dégote dans cette boutique à l'ancienne, un vrai condensé d'humour belge ! Voir p. 169.

Avec Plaizier

QUELCIRQUE

Quand le design s'invite dans la cuisine et sur la table et me donne envie de me mettre aux fourneaux. Voir p. 177.

Quelcirque

ROSE

Mon petit concept store pour faire le plein d'accessoires de mode. Une sélection très belge : originale, fun et décalée ! Voir p. 187.

DELBÔVE

Ma boutique chic pour faire le plein d'élixirs de jeunesse et d'Eau Sorcière de la célèbre marque de cosmétiques. Voir p. 188.

À SAVOIR

HORAIRES D'OUVERTURE

Les magasins ouvrent de 10h-11h à 18h-18h30 du mardi au samedi. Le lundi est en général le jour de fermeture mais certaines boutiques sont ouvertes à partir de 13h30. Attention, certains magasins ferment pour la pause déjeuner, entre 12h30 et 13h30. Le jeudi, certaines boutiques pratiquent *l'afterwork shopping* en vous accueillant jusqu'à 20h. De plus en plus de boutiques sont **ouvertes le dimanche,** en particulier dans les zones touristiques - l'**Îlot sacré** (sf dim. matin), le **Sablon** et les **Marolles** -, mais aussi autour de la place Brugmann. Il faut également savoir que le **dimanche** est sacré « **jour de la chine** ». Renseignez-vous (office de tourisme et quotidiens) pour savoir où se tiennent les **brocantes** (voir aussi p. 195).

GRANDS MAGASINS ET GALERIES

Bruxelles compte deux belles enseignes de grands magasins : **Galeria Inno** (111, rue Neuve, C1 ; 12, avenue Louise, C3) est spécialisé dans les produits de luxe et les grandes marques du prêt-à-porter, tandis que **Rob** (28, boulevard de la Woluwe, HP par F3) est une épicerie fine de la taille d'un supermarché. L'immense concept store **Smets** (68, rue de Namur, C3) propose la crème de la mode et du design. Les Belges ont opté pour les centres commerciaux (du type **City 2** ou **Woluwe Shopping Center**) et les **galeries couvertes** (météo oblige !), les premiers regroupant toutes sortes de magasins, de l'alimentation à l'électroménager, les secondes privilégiant les magasins de vêtements de luxe.

LES SOLDES

Les soldes de janvier et de juillet, courant sur un mois plein, sont institutionnels, mais vous pourrez profiter durant votre séjour de promotions occasionnelles, souvent sous le nom de « **prix ronds** », dans certains magasins. Ne ratez pas les ventes de **Mad Brussels** (http://mad.brussels) qui regroupent les soldes de créateurs belges. Attention, les articles soldés ne sont ni repris ni échangés.

SE REPÉRER

Chaque adresse de boutique est associée à une pastille rouge numérotée. Vous retrouverez toutes les adresses positionnées sur le plan détachable.

Boutiques
PAR QUARTIER

Autour de la Grand-Place, l'Îlot sacré (Quartier 1 - p. 24)

PRIVEJOKE
Mode homme ① Plan H8

Si aujourd'hui des marques comme Our Legacy, American Vintage, Edwin ou Esemplare ne font plus figure de découvertes tant elles sont représentées dans les boutiques de cet acabit, sachez que Privejoke est la boutique pionnière de la capitale. Elle continue de prospecter au sein de griffes peu connues pour créer des looks uniques.

76-78, rue du Marché-au-Charbon, M° Bourse • ☎ 02 502 63 67 • www.privejoke.com • Lun.-sam. 11h-19h, dim. et j.f. 14h-19h.

PANTHERS - LOCKER ROOM
Streetwear ② Plan H8

Une mise en scène sympathique de baskets triées sur le volet, en éditions limitées, et de marques dont The Hundreds, LA référence aux États-Unis. Pieter Pauwels, jouant lui-même au basket et baignant dans la culture hip-hop depuis son plus jeune âge, pourra vous éclairer sur les différences entre les modèles - qui ne sautent pas forcément aux yeux des novices. Il existe une autre boutique Panthers - un clin d'œil au

Privejoke

surnom de Micheal Jordan - située 3 boulevard Adolphe Max, près de la place de Brouckère.
11, rue du Lombard, M° Bourse • ☎ 02 511 51 56 • www.panthers.be • Lun.-sam. 11h-19h.

RIDEALLDAY
Streetwear ③ Plan I8

Yves Tchao est un des vétérans du skateboard en Belgique : il a débuté ses premières figures en 1977. Depuis, il a participé à de nombreuses compétitions et a ouvert en 1994 ce magasin dédié aux skaters. Aujourd'hui, il voit avec plaisir la seconde génération de skaters venir avec leurs parents, eux-mêmes planchistes. On les comprend, Rideallday offre des prix imbattables : un skateboard monté, de bonne qualité, à partir de 75 €. Sans oublier les vêtements qui vont avec.
39, rue Saint-Jean, M° Gare-Centrale • ☎ 02 512 89 22 • www.rideallday.be • Lun.-sam. 12h-18h30.

Atelier Marchal

MR EGO
Streetwear ④ Plan H7

Baptisé « Under Elvis », jusqu'à ce que le voisin du dessus - le chapelier Elvis Pompilio, alors à cette adresse - ne proteste, cet immense loft est resté LE temple du streetwear bruxellois.
La cohabitation de marques comme Cheap Monday, Carhartt ou Skunk funk et de pièces de jeunes créateurs belges en fait l'adresse idéale pour un look urbain à prix abordables. Les DJ sets du samedi complètent le cachet underground de la boutique.
29, rue des Pierres, M° Bourse • ☎ 02 502 47 87 • www.mr-ego.be • Lun. et mer.-jeu. 11h-18h30, mar. et ven.-sam. 11h-19h, dim. 14h30-19h30.

FRESH
Streetwear ⑤ Plan H8

À quelques jeux de jambes de Panthers, Fresh propose une mode streetwear grand public et rafraîchissante avec ses vêtements et baskets au look sportif à porter au quotidien.
On trouvera des Nike SB (à partir de 75 €) et des casquettes HUFF venant de Californie.
Au deuxième étage, retrouvez

un rayon dédié à la panoplie des skaters. Adresse très tendance.

57, rue du Midi, M° Bourse • ☎ 02 511 93 25 • www.freshonline.be • Lun.-ven. 11h-14h et 14h30-19h, sam. 11h-19h, dim. 14h-18h.

RAMÓN & VALY
Occasion ⑥ **Plan H8**

Chez Ramón et Valy, on trouve des pièces uniques, du prêt-à-porter et de la haute couture (Chanel, YSL, Martin Margiela, Dries Van Noten) *second hand* à partir de 75 €, avec tout de même une préférence pour les créateurs belges, des vintages des années 1920-1990 pour les deux sexes, des manteaux de fourrure, et des tas de vêtements non griffés mais bien coupés.

19, rue des Teinturiers, M° Bourse • ☎ 02 511 05 10 • Lun.-sam. 11h-19h.

CIEL MES BIJOUX
Bijoux anciens ⑦ **Plan I7**

Patrick et Godelieve Sigal œuvrent depuis plus de trente ans dans la joaillerie fantaisie. Dans leur élégante boutique sont présentés des collections d'artistes et un choix luxueux de pièces anciennes uniques, quasi toutes signées par les grands noms de la haute couture des années 1930 à nos jours - Chanel, Schiaparelli, Dior, Balenciaga... Des bijoux baroques, colorés et semi-précieux qui couvrent une large gamme de prix.

16, galerie du Roi, M° Gare-Centrale • ☎ 02 514 71 98 • www.cielmesbijoux.com • Mer.-dim. 11h-18h30.

Delvaux

ATELIER MARCHAL
Maroquinerie ⑧ **Plan H8**

Un tapis qui réchauffe le parquet et un accueil à l'accent gorgé du soleil d'Espagne. Josep et Ana Garcia Marchal dessinent une maroquinerie en cuir, exécutée manuellement et en petite quantité d'où, sans doute, ces merveilleuses finitions. Du sac à main (250 €) au *shopping bag* de coursier (400 €) en passant par le sac en *buffalo* et aluminium, léger comme du papier, le travail est magnifique.

64, rue du Marché-au-Charbon, M° De Brouckère ou Anneessens • ☎ 02 614 79 86 • www.ateliermarchal.com • Lun.-ven. 12h-19h, sam. 11h-19h.

DELVAUX
Maroquinerie ⑨ **Plan I7**

Une note d'excellence pour cette maison qui produit depuis 1829 des sacs entièrement

Les incontournables DE LA MODE BELGE

Riche d'une belle tradition textile, la Belgique s'est fait un nom dans le domaine de la mode au milieu du XXe siècle. Les « six d'Anvers », tous formés dans la même école, ont posé un vocabulaire épuré, fluide et inventif. La génération suivante le réinterprète, l'adopte ou s'en détache à l'envie.

STIJL

La référence historique pour trouver les grands noms de la mode belge et découvrir de jeunes pousses. Voir p. 171.

ERNEST

Une créatrice de bijoux et un maroquinier ont uni leurs goûts sûrs pour présenter une formidable sélection du cru. Voir p. 175.

JUST IN CASE

Les collections inspirées par la musique d'un duo qui s'est rencontré dans le bus. Une jolie histoire pour de belles silhouettes. Voir p. 175.

LILÙ

Des cuirs de qualité par deux créatrices pleines d'idées, pour de belles collections de sacs *made in* Bruxelles. Voir p. 187.

SABINE HERMAN

Joaillerie précieuse et contemporaine par une petite fille d'orfèvre qui perpétue la tradition artisanale. Voir p. 188.

Lilù

faits main, y compris pour la réalisation des fermoirs et des boucles métalliques. Outre une dynamique très créative (de trente à quarante nouveaux modèles chaque année), Delvaux crée une multitude d'accessoires, du porte-clés aux foulards de soie.

31, galerie de la Reine, M° Gare-Centrale • ☎ 02 512 71 98 • www.delvaux.com • Lun.-sam. 10h-18h30, dim. 12h-18h.

LIGNE
Design ⑩ Plan I7

Tous les grands noms du design contemporain, de F. L. Wright à Jasper Morrison, ont leur place dans ce lieu magique. Depuis 1966, Ligne est à la pointe de la mode et ne propose que du haut de gamme. En exclusivité, le tapis Woodnotes, un tissage en corde de papier *made in Finland* (1 800 € pour un 2 x 3 m par exemple). Le reste est tout aussi beau et tout aussi cher, à l'exception toutefois de la belle sélection d'accessoires à des prix bien plus abordables...

14, galerie du Roi, M° Gare-Centrale • ☎ 02 511 60 30 • www.ligne.be • Lun.-sam. 10h30-18h.

THE GRASSHOPPER
Jouets ⑪ Plan H7

Sur deux étages, on trouve de tout pour les tout-petits comme pour les plus grands : des jouets pour le bain, des gants de toilette en forme de crocodile, des peluches bien sûr, mais aussi des casse-tête et des rééditions de jouets anciens.

39-43, rue du Marché-aux-Herbes, M° Bourse • ☎ 02 511 96 22 • www.thegrasshoppertoys.be • T.l.j. 10h-19h.

DANDOY
Biscuiterie ⑫ Plan H7

Voilà un magasin qui fleure bon la cannelle, l'amande et le beurre. Dans cette maison du XVIIe s., cinq générations de Dandoy

Belgian Fashion

En 1986, les « six d'Anvers » - Dries Van Noten, Dirk Bikkembergs, Marina Yee, Dirk Van Saene, Ann Demeulemeester et Walter Van Beirendonck - font la une de la mode en montrant pour la première fois à Londres leurs créations excentriques. Si plus de trente ans plus tard, leurs collections se sont assagies, ils ont fait des émules tant à Anvers qu'à Bruxelles. Désormais, durant la semaine des créateurs du prêt-à-porter à Paris, les stylistes belges se démarquent par leur imagination débridée doublée d'un zeste de surréalisme. Pour les découvrir, suivez les événements organisés dans le quartier Dansaert par Mad Brussels.

Rens. : ☎ 02 880 85 62 • http://mad.brussels

Papabubble

fabriquent depuis 1829 des spéculoos (7,50 €/250 g), des pains d'amandes, du pain à la grecque (7,50 €/250 g) et du massepain (6,50 €/150 g). Les gourmands n'y résisteront pas, d'autant plus que les spéculoos ont pris la forme de saint Nicolas ou du bourgeois bedonnant.
31, rue au Beurre, M° Bourse • ☎ 02 540 27 02 • www.maisondandoy.com • Lun.-sam. 9h30-22h, dim. et j.f. 10h30-22h.

NEUHAUS
Chocolat ⑬ **Plan I7**

L'inventeur du concept du ballotin et du nom de « praline » est l'un des plus anciens chocolatiers belges. Ses produits phares sont le Caprice (nougatine fourrée à la crème fraîche) et la Tentation (nougatine à la ganache café). Vu le succès rencontré, plusieurs succursales se sont installées aux endroits clés de la capitale. Le prix des pralines au kilo (72 €) est beaucoup moins élevé qu'en France.
25-27, galerie de la Reine, M° Gare-Centrale • ☎ 02 512 63 59 • www.neuhaus.be • Lun.-mer. 9h30-21h, jeu.-sam. 9h30-22h, dim. 10h-20h.

MARY
Chocolat ⑭ **Plan I7**

Le chocolatier de la Cour en est à sa troisième génération, la femme en boutique et le mari dans l'atelier, où tout se fait encore à la main. Le chocolat est de préférence noir, du très doux à l'amer (99,7 % de cacao). Mais on y trouve aussi du chocolat au lait et du chocolat blanc. Bien pratique, le sac isotherme pour le transport. C'est trois fois plus cher que Léonidas (78 € le kg), mais incomparablement meilleur.
36, galerie de la Reine, M° Gare-Centrale • ☎ 02 511 39 59 • www.mary.be • T.l.j. 10h30-20h • Autres

adresses : 28, rue du Lombard (H8) • ☎ 02 512 34 00 • Lun.-ven. 10h-20h, sam.-dim. 10h-20h30 • 73, rue Royale (D2), M° Madou, Parc • ☎ 02 217 45 00 • Lun.-sam. 10h-18h.

PAPABUBBLE
Confiseries ⑮ Plan H7-8

Spécialité de la maison : les rock candy, de petits bonbons artisanaux aux arômes naturels, souvent ronds avec un dessin au centre. Mélange de nostalgie et de parfums audacieux tels que cerise, pastèque ou cuberdon (bonbons coniques en gomme arabique, dès 3,30 €). Ces sucreries sont préparées dans la boutique à partir de larges boudins de sucre étirés puis découpés. Avec un peu de chance, vous aurez l'occasion de voir la magie opérer lors de votre passage.

13, rue du Marché-au-Charbon, M° Bourse • ☎ 02 324 96 41 • www.papabubble.be • Mar.-sam. 11h-18h30, dim. 12h-17h.

LA BELGIQUE GOURMANDE
Confiserie ⑯ Plan I7

Avec son air faussement rétro et son positionnement un peu fourre-tout (chocolat, bière, biscuits), la chaîne a des allures de piège à touristes. Pourtant, l'enseigne commercialise des marques de qualité telles que Dandoy, Galler, Destrooper, etc. C'est aussi l'un des rares endroits où vous trouverez un assortiment de cuberdons. Notons la présence d'une succursale à la gare du Midi, idéale pour les achats de dernière minute.

La Belgique Gourmande

Avec Plaizier

17, galerie de la Reine, M° Gare-Centrale • ☎ 02 512 57 45 • www.labelgiquegourmande.be • T.l.j. 9h-23h.

MAISON DU THÉ
Thés ⑰ Plan H7

Une institution bruxelloise depuis 1897 qui s'épanouit dans son cadre restauré avec soin. Tous les mélanges sont composés dans l'atelier, au sous-sol, et vous trouverez aussi dix cafés grand cru, moulus à la demande. Pour un souvenir aux couleurs de la capitale, optez pour le Thé de Bruxelles (sencha, nougat, spéculoos : 5,50 €/100 g). Rapport qualité/prix très éloigné des standards parisiens ! Si vous souhaitez déguster, direction le Comptoir Florian (p. 120), tenu par les mêmes propriétaires.

11, Plattesteen, M° Bourse • ☎ 02 512 32 26 • www.lamaisonduthe.be • Mar.-sam. 11h-19h.

DE BIERTEMPEL
Bières ⑱ Plan I7

Ne gardez pas vos découvertes brassicoles pour vous, repartez avec des souvenirs au houblon. L'enseigne ne ment pas, c'est un vrai temple de la bière ! Que vous la préfériez blonde ou brune, vous trouverez votre bonheur parmi les assortiments en tous genres, bouteilles à l'unité et verres adaptés à chaque type de bière (de 1,50 à 38 €).

56-58, rue Marché-aux-Herbes, M° Bourse • ☎ 02 502 19 06 (mob.) • www.biertempel.eu • T.l.j. 10h-19h.

THE BRUSSELS CORNER
Souvenirs ⑲ Plan H8

Pourquoi pas choisir un Manneken-Pis pour déboucher vos bouteilles ? Tant qu'à sacrifier au traditionnel souvenir, autant qu'il soit utile. Au fait, l'avez-vous trouvé, ce petit garçon qui fait pipi au coin d'une rue ?
27, rue de l'Étuve, M° Bourse • ☎ 02 511 98 49 • www.thebrusselscorner.be • T.l.j. 10h-20h (20h30 sam.).

AVEC PLAIZIER
Carterie ⑳ Plan I8

Plaizier ? Le plaisir de s'offrir une série de vues du Bruxelles de 1930 sous la pluie, de dénicher des affiches et des cartes postales de l'Exposition universelle de 1958, un dictionnaire de pictogrammes pour les grands voyageurs ou encore de beaux livres de photos.
50, rue des Éperonniers, M° Gare-Centrale • ☎ 02 513 99 29 • www.avecplaizier.be • Lun.-ven. 11h-18h, sam. 11h-19h, dim. 14h-18h.

THE COLLECTOR
Disquaire ㉑ Plan H7

C'est une histoire de famille mais avant tout une histoire de musique. La mère et ses enfants ont tous travaillé dans ce magasin de disques qui a plus de trente ans. On y entend le gérant dire à un client : « Tu dois traiter la platine comme une femme, doucement. » Pas d'erreur : la passion est la clé de ce paradis pour collectionneurs (près de 100 000 vinyles, sans compter les CD). Classique, jazz, blues, bandes originales de films, *easy listening*, années pop... Tout, de 1 à 300 €.
26, rue de la Bourse, M° Bourse • ☎ 02 51268 35 • www.the-collector.be • Lun.- sam. 10h30-18h30, dim. et j.f. 11h-17h30.

MULTI BD
BD ㉒ Plan H7

Le plus grand choix de BD (30 000 titres disponibles) dans ce magasin où l'on pratique systématiquement 20 % de remise sur le prix éditeur pour les nouveautés et 10 % sur les autres. Outre l'énorme stock de produits dérivés de la BD (posters, figurines, etc.), la maison édite des livres avec crayonnés et des sérigraphies numérotées à l'occasion d'expositions de planches originales d'un dessinateur.
122-128, bd Anspach, M° Bourse • ☎ 02 513 72 35 • www.multibd.com • Lun.-sam. 10h30-19h, dim. et j.f. 12h30-18h30.

BRÜSEL
BD ㉓ Plan H7

Avec ses structures en fer forgé suspendues, la boutique du centre rappelle l'onirisme des planches de la BD qui inspira son nom. Au-delà de la beauté du lieu et de l'intérêt des sérigraphies proposées à l'étage, c'est la qualité de l'assortiment et le dynamisme des équipes dans la recherche

La Boutique Tintin

de talents qui font de cette librairie un des chouchous des bédéphiles bruxellois. À Flagey, une sélection plus familiale avec également de la littérature.
100, boulevard Anspach, M° Bourse • ☎ 02 511 08 09 • www.brusel.com • Lun.-sam. 10h30-18h30, dim. et j.f. 12h-18h30 • Mar.-sam. 10h-19h, dim. 10h-17h.

LE DÉPÔT
BD ㉔ **Plan H8**

L'ambiance est à mi-chemin entre une bibliothèque municipale et un stand de marché aux puces. Dans ce joyeux dédale de papier, du neuf à prix réduits mais aussi de très belles occasions (titres épuisés, premières éditions). Vous êtes en quête de quelque précieuse rareté ? N'hésitez pas à communiquer votre recherche à la boutique avant votre séjour (www.go4book.com). Vous pouvez également y vendre vos albums.
108, rue du Midi, M° Bourse • ☎ 02 513 04 84 • www.depotbd.com • Lun.-sam. 10h-18h30.

LA BOUTIQUE TINTIN
BD ㉕ **Plan I7**

Fan du petit reporter et de son fidèle Milou ? Vous y trouverez quelques inédits, notamment une collection textile de prêt-à-porter et ses accessoires. Tee-shirts dès 23,50 € (enfant : 19,50 €), figurines de collection et ouvrages sur Tintin et Hergé.
13, rue de la Colline, M° Gare-Centrale ☎ 02 514 51 52 • www.boutique.tintin.com • Lun. 12h-18h, mar.-sam. 10h-18h, dim. et j.f. 11h-17h ; f. 1er janv. et 25 déc.

NATACHA CADONICI
Mode femme ㉗ **Plan H8**

Natacha Cadonici a pignon sur rue dans le sanctuaire de la mode, et a installé son atelier sur la mezzanine. De là, elle imagine des vêtements faciles à porter, pleins de petits détails. Ici, un pli inattendu, là un bouton rigolo... Il y a quelque chose de ludique, de rétro et de romantique dans sa mode.
62, rue du Marché-au-Charbon, M° Bourse • ☎ 0478 289 747 (mob.) • www.natachacadonici.com • Mer.-sam. 12h30-18h30.

Saint-Géry, autour de la rue Dansaert (Quartier 2 - p. 32)

STIJL
Mode (26) Plan G6

Vitrine des stylistes belges et internationaux (Dries Van Noten, Haider Ackerman, Ann Demeulemeester, RAF Simons…), ce bel espace a redynamisé le quartier. Stijl propose des vêtements masculins (boutique au 6, place du Nouveau-Marché-aux-Grains) et féminins très tendance, exclusifs et plutôt chers mais élégants et de très bonne qualité. Leur premier souci est de rechercher les nouveaux talents de la création contemporaine.

74, rue Antoine-Dansaert, M° Sainte-Catherine • ☎ 02 512 03 13 • www.stijl.be • Lun.-sam. 10h30-18h30.

VALÉRIE BERCKMANS
Mode femme (28) Plan G7

La formule atelier-boutique fait des émules parmi les jeunes stylistes bruxellois. Valérie Berckmans, diplômée de Saint-Luc, conçoit en sous-sol une ligne de prêt-à-porter féminin dont la coupe sobre et intemporelle permet de défier les saisons. Une gamme de blanc, noir et gris, égayée de bleu Klein et de rouge flashy, ainsi que des détails de surpiqûre et d'impressions en sérigraphie personnalisent ses créations qui conviennent aux femmes de tous âges. Comptez de 125 à 200 € le pantalon et de 85 à 165 € la jupe.

8, rue Van-Artevelde, M° Bourse • ☎ 02 502 94 00 • www.valerieberckmans.be • Mar.-sam. 11h-18h30.

RUE BLANCHE
Mode femme (29) Plan G6

Des couleurs sages et des vêtements élégants, près du corps, d'une coupe irréprochable. Du très habillé au sportswear, toutes les combinaisons sont possibles puisque Rue Blanche est une marque qui vous habille de pied en cap, en n'oubliant ni le chapeau ni l'eau de toilette.

39-41, rue Antoine-Dansaert, M° Bourse ou bus 86 (arrêt Bourse) • ☎ 02 512 03 14 • www.rueblanche.com • Lun.-sam. 10h30-18h30.

Stijl

Hunting and Collecting

HUNTING AND COLLECTING
Mode homme ㉚ Plan G7

Lointain cousin belge du concept store parisien Colette, Hunting and Collecting s'impose comme défricheur de tendance et lanceur de mode. Dans cette boutique radicale et minimaliste, changeante à chaque saison, les hommes s'habilleront dans des marques triées sur le volet (Marni, Bleu de Paname, Soulland, Enzo, Carven...). Objets et livres viennent compléter ce tableau de mode qui a également un rayon femme. Large éventail de prix.

17, rue des Chartreux, M° Bourse ou De Brouckère • ☎ 02 512 74 77 • www.huntingandcollecting.com • Lun. 14h-18h, mar.-sam. 11h-19h.

ISABELLE BAJART
Mode vintage ㉛ Plan G7

Isabelle Bajart a révolutionné le monde du vintage. Cette passionnée de mode chine « à la pièce » des vêtements et accessoires dans l'air du temps. Pour flairer les tendances, elle puise dans les magazines de mode et s'inspire des collections des grands créateurs. Dans sa boutique qui a tout d'un petit écrin, elle rassemble ses trouvailles, qui collent à la saison, à des prix très vintage : une chemise en soie Burberry à 40 €, un manteau à 85 € ou une petite veste Dries Van Noten à 70 €.

25, rue des Chartreux, M° Bourse • ☎ 0478 243 788 (mob.) • www.isabellebajart.be • Lun.-mar. 12h-19h, mer.-sam. 11h-19h.

BRUSSELS VINTAGE MARKET
Mode vintage ㉜ Plan G7

C'est LE rendez-vous bruxellois des amoureux du vintage. Tous les premiers dimanches du mois (12h-19h), un marché vintage et *second hand* se déroule dans la halle Saint-Géry, sur la place du même nom. Entre manteaux, chemisiers, accessoires et chaussures, on se régale de cupcakes et on sirote une bonne limonade ou une bière. Parmi l'offre vintage, on découvre aussi de jeunes créateurs.

Halles Saint-Géry, place Saint-Géry, M° Bourse • ☎ 0473 741 019 (mob.) • www.brusselsvintagemarket.be • 1er dim. du mois 12h-19h.

KAT EN MUIS
Mode enfant ㉝ Plan G7

Max et Lola, Anne Kurris, Ten, Maan... en version miniature. Une ligne tendance adaptée aux enfants – de la naissance à 16 ans. Qui dit haut de gamme dit prix élevés, mais, vu le grand choix, on peut facilement combiner les couleurs et les prix, avec un tee-shirt basique et un pantalon griffé.

35-37, rue du Vieux-Marché-aux-Grains, M° Bourse • ☎ 02 514 32 34 • Lun. 13h-18h, mar.-jeu. 11h-18h30, ven.-sam. 10h-19h, 1er dim. du mois 13h-17h.

LA FABRIKA
Design ㉞ Plan B1

La Fabrika secoue la scène bruxelloise du design contemporain. L'architecte d'intérieur Kelly Claessens rassemble, sur deux étages, du mobilier et des objets venus de Scandinavie, d'Angleterre, de Belgique, d'Allemagne, de Hollande ou de France. Les lignes épurées mais chaleureuses sont rehaussées de touches de couleur. Des petits objets et accessoires jusqu'aux lampes (de 59 à 1500 €), il y en a pour toutes les bourses.

182, rue Antoine-Dansaert, M° Sainte-Catherine • ☎ 02 502 33 25 • www.lafabrika.be • Lun.-sam. 11h-18h.

TOIT
Décoration ㉟ Plan G7

Toit ? Une boutique-galerie où les meubles chinés et restaurés voisinent avec les luminaires Forestier ou les étagères atypiques en chêne français de Drugeot Labo. On y trouve en vrac du mobilier et des luminaires design Pulpo, des objets en résine de Gaetano Pesce, toutes les déclinaisons sur vaisselle de l'alphabet d'Arne Jacobsen ou encore de magnifiques écharpes brodées de Leo Atlante. Un vrai bonheur !

46, rue des Chartreux, M° Bourse • ☎ 02 503 33 38 • www.toit-bruxelles.be • Mer.-sam. et 1er dim. du mois 11h-19h.

BLENDER 01
Cadeaux ㊱ Plan G7

Donnez les clés d'une boutique aux jolis volumes à un enfant de la pub et il vous la transformera en terrain

Caroline Music

de jeu pour adultes branchés. Les yeux pétillent tout en papillonnant entre les lampes (95-129 €), les étagères « invisibles » Conceal de Umbra (15-20 €) et les Mighty Wallet en papier (15 €). Vaste sélection de mode mixte : Olow, Comme des Garçons, PLAY, Sixpack, Louche, Modström, etc.

18, rue des Chartreux, M° Bourse • ☎ 02 503 61 83 • www.blender01.com • Dim.-lun. 12h-18h, mar.-sam. 11h-19h.

CAROLINE MUSIC
Disquaire (37) Plan H7

Caroline, le nom que tous les rockeurs de Bruxelles murmurent avec envie depuis 40 ans. Ils n'en finissent pas de courtiser en vain celle qui n'est fidèle qu'à la bonne musique. Pop, jazz, électro... Version CD, vinyle, neuf ou d'occasion, l'album idéal est probablement dans ces rayons. Pensez à jeter un œil dans le bac belge en bas à gauche et, surtout, ne partez pas sans la meilleure marchandise de la boutique : les conseils de vrais passionnés.

101, boulevard Anspach, M° Bourse • ☎ 02 502 10 83 • www.carolinemusic-bxl.be • Lun.-sam. 10h-19h, dim. 13h-18h30.

PASSA PORTA BOOKSHOP
Librairie (38) Plan G6

La Maison internationale des littératures est une oasis culturelle au cœur de la ville. Véritable vitrine des lettres belges et étrangères, espace de rencontre avec des auteurs et des artistes de toutes origines, lieu de lecture d'une presse spécialisée, c'est l'endroit rêvé pour bouquiner dans toutes les langues, découvrir des auteurs belges et partager diverses visions du monde. Tout simplement !

46, rue Antoine-Dansaert, M° Bourse • ☎ 02 502 94 60 • www.passaporta.be • Lun.-sam. 11h-19h, dim. 12h-18h • Soirées littéraires à 20h.

Sainte-Catherine, autour des quais (Quartier 3 - p. 38)

ERNEST
Bijouterie / Maroquinerie (39) **Plan G6**

Le maroquinier Michael Guérisse O'Leary et la créatrice de bijoux Aurore Havenne ont ouvert un atelier-boutique où ils développent un univers à leur image et échangent avec leur clientèle. Au-delà de leur propre production, ils proposent les pièces de créateurs ainsi que des objets chinés. Pour encore plus de création belge, jetez un œil à la boutique voisine : Bel'Arte (n° 53).

57, rue de Flandre, M° Sainte-Catherine • ☎ 02 513 37 77 • www.thisisernest.com • Mar.-sam. 11h-19h, 1er dim. du mois 14h-18h.

JUST IN CASE
Mode femme (40) **Plan C1**

Si vous aimez la silhouette de Grace Kelly dans les films de Hitchcock, vous serez séduite par la ligne de vêtements très féminins de ces deux stylistes anversoises. Chaque collection, inspirée d'une chanson, se distingue par un détail subtil, une broderie, un liseré en dentelle, un col rond, un rebrodé de perles. Katrien Strijbol et Vicky Vinck créent des robes, des jupes et des manteaux coupés dans des matières telles que le voile de coton, la soie et la dentelle. Des vêtements élégants (robe à partir de 200 €) et de ravissants accessoires présentés dans une sorte de boudoir.

63, rue Léon-Lepage, M° Sainte-Catherine • ☎ 02 511 50 01 • www.justincase.be • Mar.-sam. 11h-19h.

HATSHOE
Mode femme (41) **Plan G6**

La seule boutique où vous pourrez trouver des chaussures griffées Dries Van Noten ainsi que des modèles d'autres stylistes belges (Ellen Verbeek, Nathalie Verlinden). L'adresse idéale pour dénicher les escarpins aperçus aux pieds des mannequins lors des défilés. Très tendance, assez cher (collection été de 250 à 500 € ; collection hiver de 300 à 750 €) et de qualité irréprochable.

89, rue Antoine-Dansaert, M° Bourse ou Sainte-Catherine • ☎ 02 512 41 52 • www.hatshoe.be • Lun. 12h30-18h30, mar.-sam. 10h30-14h et 14h30-18h30.

Färm

LES TISSUS DU CHIEN VERT & LES PUCES DU CHIEN
Tissus ㊺ **Plan B1**

Avec un stock permanent de 160 km de tissus, ce magasin un peu fou offre un tel choix de textiles (confection, ameublement, décoration, tissus techniques) et d'articles de mercerie qu'il y a de quoi perdre la tête ! Quant aux Puces du Chien, elles vous démangeront sûrement lorsque vous découvririez des jolis coupons de tissus de grandes marques dégriffés et non référencés à partir de 2 € le mètre ! Une vraie caverne d'Ali Baba !

2, rue du Chien-Vert, M° Comte-de-Flandre • ☎ 02 411 54 39 • www.chienvert.com • Lun.-sam. 10h-18h.

FÄRM
Alimentation durable ㊻ **Plan C1**

Ce magasin coopératif de 380 m² prône le circuit court et le bio. On y passe pour piocher les fromages, charcuterie et cubi de jus de pomme d'un formidable pique-nique improvisé, pour découvrir les produits locaux ou encore pour varier les plaisirs avec du riz noir ou du millet en vrac. Le samedi après-midi, vous avez de grandes chances de tomber sur une dégustation et un atelier animé par la blogueuse culinaire Catherine Piette.

43, quai du Bois-à-Brûler, M° Sainte-Catherine • ☎ 02 218 24 81 • www.farmstore.be • Lun.-sam. 9h-20h.

FRÉDÉRIC BLONDEEL
Chocolat ㊼ Plan G6

Chocolat, épices et fruits… des associations audacieuses que seul un fils de torréfacteur pouvait oser ! Originaire de Coxyde, Frédéric Blondeel, créateur de chocolats de luxe, a ouvert une boutique au centre de Bruxelles. Ses chocolats invitant à la convivialité, on peut les déguster sur place avec une tasse de thé ou de café. Car il faut prendre le temps de savourer ces subtils mélanges de chocolat à la cardamome fumée, au poivre de Sechuan et à la camomille, au basilic et à la framboise… Une passion douce-amère à 67 € le kg.

24, quai aux Briques, M° Sainte-Catherine • ☎ 02 502 21 31 • www.frederic-blondeel.be • Dim.-ven. 12h-18h45 (tea-room 18h15), sam. 10h30-18h45 (tea-room 18h15).

Le mont des Arts, vers le palais royal (Quartier 5 - p. 48)

QUELCIRQUE
Décoration ㊽ Plan D2

Tribu des émaillés, peuplade de porcelaine, groupe des cotonnades… Anthropologue reconvertie amoureuse des belles choses, Frederica Wijckmans veille avec passion sur son charmant univers de poche. Pour faire partie du clan, il faut faire preuve d'excellence comme les théières 1616 Arita Japan, les plateaux lin-résine Fog linen Work (18-34 €), les râpes Prince Kogyo (24-42 €) ou les pièces de la plébiscitée Paola Navone.

89, rue de l'Enseignement, M° Madou • ☎ 02 203 21 02 • www.quelcirque.be • Lun.-ven. 10h30-18h30.

Quelcirque

Le top des boutiques GOURMANDES

Seul l'air particulier de la région permet la fermentation de la gueuze et des brasseries d'un genre nouveau s'implantent. Les chocolatiers, eux, repoussent sans cesse les limites du savoir-faire national, et les initiatives savoureuses sont légion. Tour d'horizon d'une ville qui se découvre aussi du bout de la langue.

Dandoy

BELGOMARKT

Dans la mouvance locavore, ce supermarché d'un genre nouveau ne commercialise que des références du coin. Voir p. 71.

DANDOY

Spéculoos, massepains, pains d'épices. Un savoir-faire séculaire combiné à une approche moderne du packaging. Voir p. 165.

CHOCOLATS GERBAUD

L'argument de vente est imparable: « Le chocolat qui rend beau ». Bonus intéressant: des ateliers ont lieu le samedi matin (sur résa). Voir p. 179.

PIERRE MARCOLINI

Pierre Marcolini part directement de la fève de cacao pour des créations de « haute chocolaterie ». Voir p. 180.

MALTING POT

Cette petite boutique se distingue par la qualité de ses produits: seules les bières artisanales sont admises. Voir p. 194.

Pierre Marcolini

CHOCOLATS GERBAUD
Chocolat ㊾ Plan C2

« Le chocolat Gerbaud, le chocolat qui rend beau » : c'est le slogan de la boutique et des emballages de ce chocolatier qui n'oublie pas d'ajouter, dans ses recettes, une bonne dose d'humour. Laurent Gerbaud incarne une relève dynamique et inventive des maîtres chocolatiers. Poussant l'exigence à l'extrême dans le choix des fèves et le travail de la matière, il marie les saveurs les plus inattendues. Comptez 9,50 € pour 100 g (en vrac) de délice.
2d, rue Ravenstein, M° Gare-Centrale ou tram 94 (arrêt Royale) • ☎ 02 511 16 02 • www.chocolatsgerbaud.be • Boutique : t.l.j. 10h30-20h • Atelier (confection chocolat, 35 €, sur résa) : sam. 11h30-13h • F. fin juillet-mi-août.

LA BOÎTE À MUSIQUE
Disquaire ㊿ Plan C2

Le seul disquaire de la ville spécialisé en musique classique (situé juste à côté du musée des Instruments de musique, voir p. 53). Plus de 30 000 titres et une maison de production indépendante : Pavane Records.
74, Coudenberg, tram 94 (arrêt Royale) • ☎ 02 513 09 65 • www.laboiteamusique.eu • Lun.-sam. 9h30-18h30, dim. 11h-17h30.

Le Sablon et le parc d'Egmont (Quartier 6 - p. 58)

NEW DE WOLF PLUS
Décoration (51) Plan C3

À l'entrée de cet immense temple de la déco, un tronc d'arbre trône fièrement et côtoie des bouddhas lumineux. Ici, tout se mêle : les services d'inspiration naturelle, les fleurs artificielles, les meubles bruts et les pièces ouvragées. Les prix y sont raisonnables.
91, rue Haute, bus 48 (arrêt Chapelle) • ☎ 02 511 10 18 • www.newdewolf.be • Lun.-sam. 10h30-18h30, dim. 10h30-18h.

WHITE DESIGN
Design (52) Plan C3

Adepte des lignes pures et contemporaines, l'enseigne offre un grand choix, du buffet à l'assiette à dessert en passant par l'éclairage design. Pruduzione Privata côtoie Fatboy, Magis, Serafino Zani, Axis et Omikron dans un vaste espace lumineux. L'offre pléthorique s'adapte à divers types de budgets.
61b, rue de la Régence, tram 94 (arrêt Petit-Sablon) • ☎ 02 51 111 02 • www.white-design.be • Mar.-sam. 10h30-18h.

COLLECTORS GALLERY
Bijoux anciens (53) Plan C2

Spécialisée dans le beau bijou XXe s., Betty de Stefano a ressuscité l'engouement pour les créations en argent et pierres semi-précieuses de l'orfèvrerie de Georg Jensen, ce Danois qui, de 1904 à 1935,

Pierre Marcolini

a suivi toutes les tendances de l'art, de l'exotisme à la ligne épurée. Les bijoux de Coco Chanel et d'artistes contemporains très créatifs, tels Daniel Weinberger, Pol Bury et Line Vautrin, sont aussi à l'honneur dans sa boutique pour collectionneurs.
17, rue Lebeau • ☎ 02 511 46 13 • www.collectors-gallery.com • Mar.-sam. 11h-18h30, dim. 11h-17h (sonner pour entrer).

PIERRE MARCOLINI
Chocolat ㊹ Plan C3

Venezuela, Ghana, Trinité, Chuao, Java, Madagascar, Équateur... Découvrez sans tarder les grands crus de chocolat noir chez le meilleur chocolatier de Belgique. Un must à 130 € le kg, emballé dans d'élégantes boîtes noires.
1, rue des Minimes, tram 94 (arrêt Petit-Sablon) ou bus 48 (arrêt Grand-Sablon) • ☎ 02 514 12 06 • www.marcolini.be • Dim.-mer. 10h-19h, jeu.-sam. 10h-19h30.

GALERIE CHAMPAKA
BD ㊻ Plan C3

C'est la BD dans un smoking de location, présentée derrière une porte lourde, baignée par la lumière d'une superbe verrière. La galerie (aussi éditeur) organise une dizaine d'expoventes par an et commercialise les œuvres des plus grands dessinateurs actuels et patrimoniaux. Vous y trouverez des sérigraphies à plusieurs milliers d'euros mais aussi des impressions pigmentaires et autres tirages numérotés à prix bien moindre, et même du mobilier tout droit sorti des planches.
27, rue Ernest-Allard, bus 48 (arrêt Grand-Sablon) • ☎ 02 514 91 52 • www.galeriechampaka.com • Mer.-sam. 11h-18h30, lun.-mar. sur r.-v.

Les Marolles et la place du Jeu-de-Balle (Quartier 7 - p. 62)

PATRICIA SHOP
Lingerie ㊽ Plan C3

Une vitrine qui ne paie pas de mine, et pourtant... En cherchant un peu parmi les dentelles et les imprimés léopard, vous trouverez sûrement un body Marie-Jo, un maillot Princesse Tam Tam ou un soutien-gorge Prima Donna.

Les modèles provenant de lots de faillite ou de fins de série auront peut-être une saison de retard, mais quand on sait qu'on peut en acheter au moins trois pour le prix d'un, on aurait tort de se priver.

158, rue Blaes, bus 27 ou 48 (arrêt Jeu-de-Balle) • ☎ 02 513 36 48 • Mar.-sam. 10h-17h45, dim. 10h-12h45.

L'INSTANT PRÉSENT
Photographie ⑲ Plan C3

Si vous souhaitez repartir avec un peu de ce charme bruxellois, capturé en noir et blanc, allez découvrir le travail de Nicolas Springael. Ce photographe a ouvert une galerie pour présenter lui-même ses clichés au public. Si Bruxelles et la mer du Nord le fascinent, il est également revenu les boîtiers chargés d'images de ses différents voyages à travers le monde. Comptez 60 € pour un tirage 30 x 40 cm encadré, 250 € pour un 70 x 100 cm sans cadre.

136, rue Blaes, bus 27 ou 48 (arrêt Jeu-de-Balle) • ☎ 02 513 28 91 • www.nicolasspringael.be • Jeu. et dim. 10h30-16h, sam. 10h30-18h.

PASSAGE 125 BLAES
Antiquités ⑳ Plan C3

Ils sont une trentaine d'antiquaires à s'être rassemblés dans ce passage sur plusieurs étages. Tous les siècles et toutes les spécialités se mélangent, allant

L'Instant Présent

Jeu de Bulles

du XVIIIe s. au design des années 1970. Si vous cherchez un luminaire, une armoire, des carrelages anciens ou des sanitaires de récupération, c'est dans cet amoncellement d'objets qu'il faut fouiner et avoir l'œil !
125, rue Blaes, bus 27 ou 48 (arrêt Jeu-de-Balle) • ☎ 02 503 10 27 • Lun.-sam. 10h-18h, dim. 10h-17h30.

JEU DE BULLES
BD — 61 Plan C3

Dans cette boutique installée place du Jeu-de-Balles, là où Tintin découvrit la Licorne, les tintinophiles et collectionneurs de tous bords y dégotent objets collectors, originaux, sérigraphies et bandes dessinées anciennes. Le propriétaire propose également un service d'authentification, de recherche de pièces de collection et de conseils en investissement.
79, place du Jeu-de-Balle, bus 27 ou 48 (arrêt Jeu-de-Balle) • ☎ 0475 697 538 (mob.) • www.jeudebulles.be • Ven.-dim. 10h30-14h.

Saint-Boniface et Matonge (Quartier 8 – p. 68)

LE PETIT BOUDOIR
Accessoires de mode — 62 Plan D3

La petite boutique parfaite, le bon plan que les Bruxelloises ne refilent qu'à leurs bonnes copines pour trouver l'accessoire qui fera mouche et donnera du peps à n'importe quelle tenue sans avoir besoin de se ruiner. Malika a le chic pour dégoter bijoux, bandeaux, pochettes, foulards et autres indispensables des looks aboutis. De la fantaisie originale en dessous de 20 €.
19, rue de la Paix, M° Porte-de-Namur • ☎ 02 512 51 77 • Mar.-sam. 12h-18h30.

PAX
Streetwear — 63 Plan D3

Un joli canapé où il fait bon essayer la panoplie de sneakers, quelques lampes lookées posées près des jeans et des sacs à dos Herschel qui montent la garde sur les étagères... PAX est une

boutique entre le streetwear et le style *preppy*. On y trouve des marques comme Sessùn, Carhartt, Bateau ou Edwin (jeans à 90 €) qui raviront les plus jeunes.
8, rue de la Paix, M° Porte-de-Namur • ☎ 02 502 52 31 • www.pax.be • Lun.-sam. 10h30-19h.

LOOK 50
Mode vintage (64) Plan D3

En version fripes ou réédition, Look 50 réunit toute la mode des *fifties* aux *seventies* pour les deux sexes. C'est l'adresse où s'habiller pour les soirées chic, où trouver des robes de petits créateurs (35-100 €), des sacs, des lunettes de star ; pour les soirées moins chic, la boutique regorge de bons vieux pulls tricotés à la main et de robes hippies.
10, rue de la Paix, M° Porte-de-Namur • ☎ 02 512 24 18 • Lun.-sam. 10h30-18h30.

CAMPION
Photographie (65) Plan D3

Bien connu des photographes exigeants, M. Campion a constitué une collection remontant au début du XXe s. On y achète du neuf et du très bon matériel d'occasion, garanti par la maison.
Neuf : 13, rue Saint-Boniface, M° Porte-de-Namur • ☎ 02 512 13 31 • Mar.-ven. 9h-13h30 et 14h15-18h30, sam. 10h-13h30 et 14h15-18h. **Occasion (*Second Hand Shop*) :** 28, rue Ernest-Solvay (D3), M° Porte-de-Namur • ☎ 02 512 17 21 • Mer.-sam. 10h-13h et 14h-18h30.

VOIR AUSSI :
Belgomarkt | p. 71 | (66) Plan D3

Le Châtelain et le musée Horta (Quartier 9 – p. 72)

BONNIE & JANE
Mode femme (67) Plan C5

Anne et Laurie ont imaginé un lieu chaleureux sur le modèle d'un appartement. Tout le mobilier, chiné, est à vendre, même le canapé sur lequel on s'installe. Les marques sélectionnées ont toute une identité singulière ou éthique. On trouve aussi son bonheur à partir de 50 €.
34, rue Darwin, tram 92 (arrêt Darwin) • ☎ 02 265 24 94 • www.bonniejane.be • Mar.-mer. 11h-18h30, jeu.-sam. 11h-19h, dim. 13h-17h.

KELLY
Mode femme (68) Plan C5

Kelly a l'élégance effrontée et ne fait aucune concession sur la qualité. C'est du moins comme ça que Clément De Clercq l'a rêvée. Dans sa boutique, il vous ouvre littéralement le dressing de son héroïne de mode et vous propose de « fouiller » dans les placards qui regorgent de jeans Notify et de pièces One Choi, Moncler, Deepa Gurnani ou encore Claramonte. Robe à partir de 200 €.

58-60, rue Darwin, bus 54 (arrêt Ma-Campagne) • ☎ 02 345 58 90 • www.kellyshop.com • Lun.-sam. 11h-18h30.

BELLEROSE
Mode femme ⑦⓪ Plan C3

La philosophie de cette marque belge de prêt-à-porter : « Faites voir qui vous êtes et portez ce qui vous va ! ». Dans ce magasin rétro-moderne, tout est à vendre, même le mobilier et la déco chinés dans le secteur industriel. La spécificité : des vêtements teints après confection, des tissus importés du Japon et travaillés sur des machines à l'ancienne, et l'emploi de tissus prélavés... Les collections, d'une nonchalance étudiée, habillent aussi les hommes et les enfants.
5, place Stéphanie, M° Louise • ☎ 02 539 44 76 • www.bellerose.be • Lun.-sam. 10h-19h, 1er dim. 13h-18h.

CHEEP
Mode femme ⑦① Plan C4

Ce magasin multimarques (Bash, Vila, Ichi, Hop hop hop...) situé dans un quartier à l'ambiance village sait accommoder les humeurs et sublimer les tenues des jeunes femmes d'aujourd'hui : tantôt « robe avec des chaussures qui font clac clac », tantôt « vieux tee-shirt trop grand avec des trous dedans ». On trouvera donc aussi bien des chaussures qu'un sac, une robe (de 40 à 400 €) ou un pantalon (de 20 à 200 €).
1, parvis de la Trinité, tram 94 (arrêt Bailli) • ☎ 02 538 15 50 • www.cheep.be • Lun.-sam. 10h30-18h30.

ESSENTIEL STORE
Mode ⑦② Plan C3

La griffe est née d'une histoire d'amour entre Inge Onsea et Esfan Eghtessadi. En 1999, le jeune couple décide de lancer une gamme de tee-shirts, dans une multitude de teintes. La success-story débute dans leur salon et, très vite, ils ouvrent

Le meilleur DES BULLES

L'une des pépites de la capitale de la BD, ce sont ses libraires, leur sélection pointue et leurs conseils avisés. Ne manquez pas de leur rendre visite pour puiser dans les trésors du passé ou découvrir la relève. Vous profiterez peut-être également d'un tarif très avantageux sur certains volumes : le prix unique du livre n'a pas cours en Belgique.

Multi BD

LIBRAIRIE SLUMBERLAND

Le centre belge de la Bande Dessinée dispose d'une agréable librairie accessible à tous. Elle se concentre sur les classiques. Voir p. 45.

BRÜSEL

Une boutique inspirée de l'œuvre de Peeters et Schuiten, qui, en plus des albums, commercialise de belles planches et sérigraphies numérotées. Voir p. 169.

MULTI BD

La table des incontournables, élaborée avec passion par ce libraire, vous fera découvrir de petits bijoux parfois méconnus. Voir p. 169.

LE DÉPÔT

Le paradis de l'album d'occasion, entre nouveautés en parfait état et perles rares jamais rééditées. Voir p. 170.

Boutique de Caroline

une boutique puis se diversifient. Aujourd'hui, leur mode élégante, vive et colorée est présente dans de multiples villes belges et à l'étranger. Prévoir entre 165 et 250 € pour une robe.
66, avenue Louise, M° Louise • ☎ 02 513 18 91 • www.essentiel-antwerp.com • Lun.-sam. 10h30-19h. Autre adresse : 76, rue Dansaert (G6), M° Sainte-Catherine • ☎ 02 290 01 38 • Lun-ven. 10h30-18h30, sam. 10h30-19h.

LES ENFANTS D'ÉDOUARD
Mode vintage ⑦③ Plan D4

Le nec plus ultra du *second hand* est logé dans un hôtel de maître et un autre immeuble, un pour les messieurs, l'autre pour les dames. On y croise des gens très classe qui viennent y acquérir un costume Armani, un tailleur Chanel, une robe Balenciaga ou un top Prada. Les accessoires sont aussi griffés (bijoux de Christian Lacroix, cravates Hermès, sacs Delvaux). Des vêtements vintage et aussi plus récents pour contenter une clientèle exigeante et diversifiée.
175-177, avenue Louise, tram 94 (arrêt Defacqz) • ☎ 02 640 42 45 • www.lesenfantsdedouard.com • Lun.-sam. 10h-18h30.

BOUTIQUE DE CAROLINE
Occasion ⑦④ Plan C4

Des vêtements griffés d'occasion, récents et en très bon état pour les petits, ainsi que des pièces des marques 4funkyflavours, Picnik, Dis une couleur, Albababy et Petit Bateau. De bonnes affaires parmi les meubles vintage.

27, rue de l'Amazone, bus 54 (arrêt Trinité) • ☎ 02 537 30 03 • Mar.-sam. 10h30-18h30.

LILÙ
Maroquinerie ⑦⑤ Plan D4

Voilà une marque belge qui dessine et fabrique ses sacs à main en Belgique... dans le petit atelier derrière la boutique. Lilù propose des sacs en cuir, légers et pratiques, sportifs ou élégants (à partir de 275 €). On peut aussi en commander de n'importe quelle couleur (comptez quatre semaines). Cerise sur le gâteau, le sur-mesure est aussi possible.

9, rue du Bailli, tram 93 ou 94 (arrêt Bailli) • ☎ 02 511 20 50 • www.lilu.be • Mer.-ven. 11h30-18h, sam. 10h30-18h30.

DEGRIF SHOES
Chaussures ⑦⑥ Plan C4

Vous trouverez ici les grandes marques de la chaussure italienne et française (Prada, Chloé, Casadei, Tod's...) à moitié prix. Lots de faillite ou fins de série, les chaussures sont toujours neuves et existent dans toutes les pointures. Pour les hommes, du cousu main, pour les femmes, de beaux escarpins en cuir, et pour les enfants, des chaussures de sport. Bref, il y en a pour toute la famille !

47-49, rue Simonis, bus 54 (arrêt Trinité) • ☎ 02 537 53 04 • Lun.-sam. 10h30-18h30.

ROSE
Accessoires de mode ⑦⑦ Plan C4

Si aujourd'hui les boutiques pleines de trésors chic et décalés fleurissent, Rose était dans les premières à éclore, en 2003. Une quinzaine d'années plus tard, Élodie continue d'être au top avec ses accessoires et objets déco, entre carte d'anniversaire 4 à 6,50 €, badges « Belge une fois » (5 €) et tirelire cochon dorée (239 €). En face, même propriétaire et même esprit pour My Table (p. 105).

56-58, rue de l'Aqueduc, tram 81 (arrêt Trinité) • ☎ 02 534 98 08 • www.rosebleu.be • Lun. 10h30-18h, mar.-sam. 10h30-18h30.

MOSS & BROS
Accessoires ⑦⑧ Plan C4

Moss & Bros propose l'élégance de pyjamas belges très stylés (Maison Marcy, à partir de 149 €), de châles en cachemire (248 €) en passant par des chaussettes japonaises ou des lunettes et sacs anglais. Également une belle sélection d'accessoires.

58, rue de l'Aqueduc, tram 81 (arrêt Trinité) • ☎ 02 534 06 20 • Lun.-sam. 10h30-18h30 (19h sam.).

ATELIER B
Bijoux ⑦⑨ Plan C5

Orfèvre de talent, Viviane Behar s'inspire de l'Antiquité pour créer des bijoux uniques mariant pierres, perles baroques, or et argent. Envie

Delbôve

d'un nouveau sertissage pour une pierre ancienne ? Elle vous fait essayer le modèle en cire avant de le couler. Et vous ne le paierez pas plus cher qu'un bijou fantaisie !
197, rue Berkendael, tram 92 (arrêt Molière) • ☎ 02 344 95 64 • www.atelier-b.be • Mar.-sam. 11h30-18h30 (sonner pour entrer).

SABINE HERMAN
Bijoux (80) Plan C4

Sabine Herman crée des bijoux uniques, modulables au gré des humeurs et des vêtements. Elle joue sur la beauté naturelle des matériaux – perles d'eau douce, cristal de roche, cornaline –, alliés avec de l'or et de l'argent pour créer bagues, colliers et boucles d'oreilles. La production artisanale d'autres créateurs (Manu, Nilton Cunha, Georges Larondelle) décline le bois, le papier, l'argent et la pâte de verre en fabuleuses parures à partir de 20 €.
86, rue Faider, tram 81 (arrêt Trinité) • ☎ 02 640 72 53 • www.sabineherman.be • Mer.-sam. 11h-18h.

DELBÔVE
Cosmétiques (81) Plan D5

Dans un écrin de toute beauté, la marque de cosmétique

confidentielle s'offre une deuxième jeunesse grâce à Gina d'Ansembourg, cliente convaincue des pouvoirs « magiques » de la gamme. Tout est construit autour du principe d'homéostasie qui privilégie la régulation à combiner avec des actifs ciblés. Produits phares : la crème et l'émulsion Sorcière (74 €) et l'Eau Sorcière (46 €) qui s'associent dans un rituel quotidien pour rééquilibrer la peau.

67, rue de l'Abbaye, tram 93 ou 94 (arrêt Abbaye) • ☎ 02 648 04 49 • www.delbove-cosmetics.com • Mar.-sam. 10h30-13h et 14h-18h.

BOUCLE D'OR
Mode enfant (82) Plan C4

Au début, Sabrina Palmisano penchait pour des couleurs vives qui boostaient les éternels bleu et rose layette. Depuis, sa palette a évolué mais elle a gardé cette touche joyeuse. Sur ses deux étages, elle habille les garçons de 0 à 12 ans et les filles de 0 à 18 ans.

12, rue du Tabellion, tram 81 ou 82 (arrêt Trinité) • ☎ 02 649 96 39 • boucledorbruxelles.blogspot.fr • Lun.-sam. 10h30-18h.

LA PETITE FIESTA
Vintage (83) Plan C5

Un joli voyage dans le temps. Le mobilier vintage renvoie instantanément aux années Polaroid et même un peu avant : lampes années 1950, armoire aux courbes douces et vieux Fisher-Price devenu collector... Il plane une ambiance très cinématographique. Le tableau se complète avec du linge de maison, des doudous, des tasses sortant d'ateliers aux petites productions, souvent dans un esprit équitable.

9, rue Darwin, bus 54 (arrêt Ma-Campagne) • ☎ 02 305 59 61 ou ☎ 0471 445 411 (mob.) • www.lapetitefiesta.com • Jeu.-dim. 11h-13h et 14h-18h30.

SCÈNES DE MÉNAGE
Décoration (85) Plan C5

Le tour de force est de réunir des ambiances très différentes pour mettre en scène des objets de la table et du bain. L'antique

La Petite Fiesta

et le récent sont mélangés avec un goût parfait. Pour dénicher une cuillère à caviar ou des gobelets de style victorien.
4, place Georges-Brugmann, tram 92 (arrêt Darwin) • ☎ 02 344 32 95 • Lun. 14h-18h30, mar.-sam. 11h-18h30.

VINTAGE ITEMS
Décoration vintage
86 Plan C5

Jouer avec des lettres, former des phrases… Cela peut donner « Game over », « Super chic » ou encore « I love typo ». Chez Vintage Items, on révise son alphabet avec d'anciennes lettres (entre 50 et 70 €) de publicité ou d'enseignes de magasin. Mais ce n'est pas tout. Vintage Items se spécialise dans le mobilier des années 1950 à 1980, combiné à des lampes Jielde neuves et des accessoires au look rétro. De belles pièces ludiques et colorées.
33, rue Darwin, bus 54 (arrêt Ma-Campagne) • ☎ 0479 430 565 (mob.) • www.vintage-items.eu • Mar.-sam. 11h-18h30.

DILLE & KAMILLE
Ustensiles de cuisine
87 Plan C3

Dès les beaux jours, le trottoir est envahi de plantes aromatiques annonçant les fragrances de ce super magasin spécialisé dans les ustensiles de cuisine. Des cuillères en bois ou en Inox, un zesteur (4,95 €), une pince à équeuter les fraises, des dizaines de formes pour les gâteaux, un panier pique-nique (de 9,95 à 35 €), des épices, des thés, des confitures… le tout à des prix défiant toute concurrence.
16, rue Jean-Stas, M° Louise • ☎ 02 538 81 25 • www.dille-kamille.com • Lun.-sam. 9h30-18h30.

LE TYPOGRAPHE
Papeterie
88 Plan C4

L'écriture et le papier retrouvent ici leurs lettres de noblesse. On prend le temps de regarder, de toucher le grammage et la texture du papier, de sentir les enveloppes fabriquées maison, de gribouiller en essayant un stylo plume… Quelques trouvailles parmi d'autres : porte-plume menthe (23,20 €), boite A4 papier Japon (35 €), mini-carnet (3,80 €), pochette cadeau (0,90 €), mini-carte et enveloppe (2,50 €)…
67, rue Américaine, tram 81 (arrêt Trinité) • ☎ 02 345 16 76 • www.typographe.be • Lun.-sam. 12h30-18h.

PEINTURE FRAÎCHE
Librairie
89 Plan C4

Bien ancrée depuis plus de vingt-cinq ans sur le parvis de la Trinité, cette librairie très conviviale s'est spécialisée dans l'architecture du XXe s., la photographie, le graphisme et les beaux-arts. Rien que des beaux livres bien tentants et un accueil chaleureux en prime.
10, rue du Tabellion, tram 81 (arrêt Trinité) • ☎ 02 537 11 05 • www.peinture-fraiche.be • Mar.-sam. 10h30-19h.

Vintage Items

ZAABÄR
Chocolat ⑨⓪ Plan C4

Aux côtés des traditionnelles pralines et des plaquettes de grands crus, l'enseigne qui se revendique chocolatier et épicier ose les associations surprenantes comme les truffes orange et sésame (8,90 €) et les tablettes au thym du Lavandou ou à la citronnelle (2,30 €). La boutique est vaste et les ateliers exposés à la vue. Tous les samedis (et mercredis des vacances) à 14h30, la boutique organise un cours pour réaliser des tablettes épicées et des mendiants (25 €, sur résa).

125, chaussée de Charleroi, M° Hôtel-des-Monnaies • ☎ 02 533 95 80 • www.zaabar.com • Lun.-ven. 10h-18h, sam. 11h-19h.

IRSI
Confiseries ⑨① Plan D4

Une confiserie familiale, fondée en 1926, connue pour ses dragées, qui aligne des manons, bonbons recouverts de chocolat blanc. Fourré à la crème fraîche, le manon se décline en différents arômes : vanille, moka, Grand Marnier, cognac, mousse au chocolat… Moins riches, pâtes de fruits et orangettes sont les autres spécialités de la maison. Le kilo de chocolats est à 50 €, celui de pâtes de fruits à 38 €. Un vrai régal !

15, rue du Bailli, tram 94 (arrêt Lesbroussart) • ☎ 02 648 70 50 • www.irsi-chocolatier.be • Lun.-sam. 8h30-19h.

Mig's World Wines

MIG'S WORLD WINES
Alcools ⑨② Plan C3

Si la Belgique est connue pour ses trappistes, elle produit aussi un excellent whisky. Le Belgian Owl fait partie de ces alcools de qualité réunis dans la boutique de Miguel, qui propose produits du monde entier et conseils avisés. Au rayon belge, vous trouverez aussi la cuvée Seigneur Ruffus, un crémant de Wallonie, du Peket (genièvre) et une large sélection de vins issus des vignobles du royaume. Belle sélection de bières aussi pour ceux qui préfèrent rester dans les classiques.

43, chaussée de Charleroi, M° Hôtel-des-Monnaies • ☎ 02 534 77 03 • www.migsworldwines.be • Lun.-sam. 11h-19h.

LES PETITS RIENS
Brocante ⑨③ Plan C4

Ce magasin solidaire bien connu des Bruxellois est le paradis du brocanteur sur quatre niveaux. Beaucoup de bric-à-brac, mais quelques petits trésors dans les meubles, faïences, pièces d'électroménager et objets de décoration déposés par des particuliers et revendus au profit de l'association luttant contre la pauvreté.

101, rue Américaine, bus 54 ou tram 81 (arrêt Trinité) • ☎ 02 537 30 26 • www.lespetitsriens.be • Lun.-sam. 10h30-18h.

Flagey et les étangs d'Ixelles (Quartier 10 – p. 80)

DEGAND TAILLEUR
Mode homme ⑨④ Plan D5

L'objectif permanent de cette ancienne maison : l'excellence. Tissages impeccables, cachemires à la douceur exemplaire, soieries subtiles... Ici, le bien ne suffit pas, seul le meilleur est présenté. Avec un tailleur à demeure, la boutique propose du sur-mesure, du demi-mesure mais également du prêt-à-porter. La qualité n'exclut pas la quantité du choix : plus de 600 costumes italiens de chez Brioni ou Kiton sont

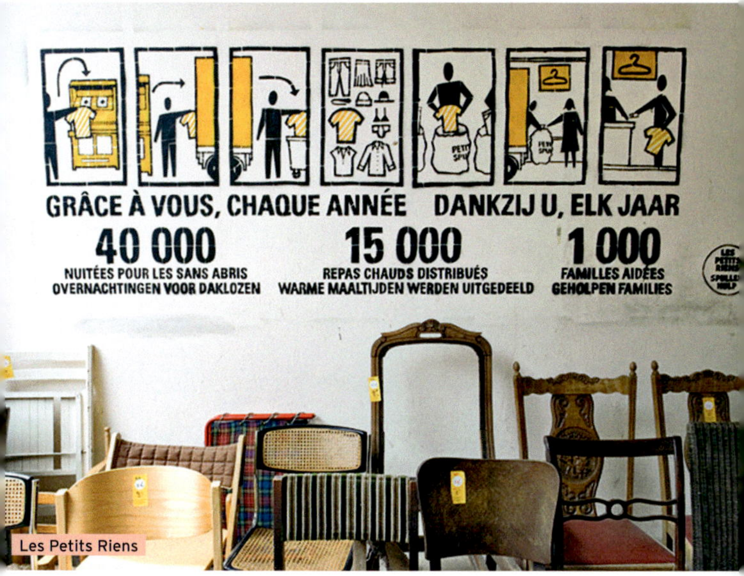

Les Petits Riens

disponibles en permanence et quelque 2 500 chemises sont présentées. L'enseigne dispose également d'une section Sport & Business, aux tarifs plus sages, et d'un département chaussures.
415, avenue Louise, tram 94 (arrêt Abbaye) • ☎ 02 649 00 73 • www.degand.be • Lun.-sam. 10h-19h.

RESERVOIR SHOP
Streetwear (95) Plan D4

Voilà un « select store » qui rassemble des vêtements venus, pour beaucoup, des pays scandinaves (WoodWood, Cheap Monday, April 77, Ganni, Opening Ceremony) mais aussi des chaussures (Vans, Adidas, New Balance...). Viennent s'ajouter des vinyles et des livres. Une adresse incontournable du quartier Flagey.
43a, rue Lesbroussart, bus 60 ou tram 81 (arrêt Bailli) • ☎ 0472 501 451 (mob.) et ☎ 0477 928 984 (mob.) • www.reservoir-shop.com • Mar.-jeu. 11h-19h, ven.-sam. 11h-19h30, dim. 13h-18h.

LORENZO LEBON
Maroquinerie (96) Plan D3-4

Si depuis quelques temps le maroquinier Lorenzo Lebon se passionne pour les jeux de pliage, inspirés de l'origami, c'est la

Malting Pot

matière qui le guide depuis ses débuts. Le créateur belge travaille dans le plus grand respect du cuir et mise sur les lignes épurées avec une touche « rock chic des années 1980 ». Des sacs urbains et uniques vendus entre 170 et 360 €. **200, chaussée d'Ixelles, tram 81 (arrêt Flagey) • ☎ 02 646 35 01 • www.lorenzolebon.com • Mar.-sam. 11h-19h.**

PÂTISSERIE BY FABRICE COLLIGNON
Pâtisserie (97) **Plan D5**

Un des sommets de la pâtisserie gastronomique et de la chocolaterie, un florilège de saveurs inédites - thés, fleurs et poivre - associées au chocolat et aux fruits. La Villa Lorraine s'est associée à Fabrice Collignon qui a travaillé avec de grands maîtres, tels Daniel Boulud à New York et Alain Ducasse à Paris. On est alléché d'emblée par les verrines de mousses diverses, les volutes de chocolat éclairées d'une feuille d'or, les confits de fleurs, les macarons (10 €/100 g) ou encore les cannelés bordelais... Un régal, tout simplement ! **637, chaussée de Waterloo, bus 38 (arrêt Bascule) ou tram 94 (arrêt Abbaye) • ☎ 02 344 26 06 • www.lavillalorraine.be • Lun.-sam. 10h30-20h, dim. 11h-19h.**

MALTING POT
Bières (98) **Plan D4**

Un petit espace pour une sélection pointue, loin des bières de la grande distribution. Comme le suggère le nom, ici on brasse large et une bonne place est donnée aux bières étrangères (y compris néo-zélandaises,

Où chiner le dimanche ?

Outre la place du Jeu-de-Balle (p. 66) et le Sablon (p. 58), voici quelques endroits pour les *aficionados* de la brocante : place Saint-Lambert à Woluwé (HP par F2-3 ; M° Roodebeek), le 1er dim. du mois (7h30-13h30), les puces les plus huppées de la capitale ; rue Ropsy-Chaudron (A2/B2 ; M° Delacroix ; ven.-dim. 6h-14h), sous la halle du Marché aux Bestiaux ; place Saint-Denis à Forest (HP par A5 ; tram 32 ou 82, arrêt Saint-Denis ; sam. 6h-13h), tous les fonds de grenier.

autrichiennes et norvégiennes). Côté bruxellois vous trouverez les classiques de chez Cantillon, les bières branchées de la Brasserie de la Senne mais aussi les audacieuses bouteilles du Brussels Beer Project (p. 140), créé grâce au financement participatif.

50, rue Scarron, bus 60 ou tram 81 (arrêt Flagey) • ☎ 02 646 79 66 • www.maltingpot.be • Mar.-ven. 12h-19h30, sam. 11h-19h30.

Le quartier européen, autour du Parlement (Quartier 11 - p. 84)

FILIGRANES
Librairie ⑨⑨ Plan D2

C'est à la fois la plus grande librairie d'Europe (120 000 titres) et un espace très convivial avec quantité de coins lecture et jeux pour les grands comme les petits. Tous les deuxième dimanche du mois, une conteuse captive les enfants de 10h30 à 12h (en français et en langue des signes) tandis que le café et le bar à vins accueillent les lecteurs de magazines et journaux. En semaine, il y a aussi des rencontres avec les auteurs, et un pianiste vient jouer le week-end. Bref, on ne risque pas de s'y ennuyer.

39-40, avenue des Arts, M° Arts-Loi • ☎ 02 511 90 15 • www.filigranes.be • Lun.-ven. 9h-20h, sam. 10h-19h30, dim. et j.f. 10h-19h.

Carnet

PRATIQUE

Retrouvez toutes nos adresses localisées sur les cartes et plans grâce à un numéro coloré.

56	35	28
Restos	Bars	Boutiques

Le numéro renvoie à sa notice détaillée dans le chapitre concerné.

QUAND PARTIR ?

Sachant qu'il pleut au moins 200 jours par an et que les 165 jours restants peuvent être maussades, gris, frais ou très chauds, difficile de prévoir sa valise ! Les hivers sont plutôt doux et humides, le printemps parfois agréable et la canicule peut vous surprendre en été. La saison culturelle se déroule de septembre à mai, mais les festivals attirent les mélomanes en été. La capitale belge foisonne de manifestations tout au long de l'année (p. 18-19).

POUR Y ALLER

EN VOITURE

Vous mettrez environ 3 h 15 pour rallier Bruxelles depuis Paris par l'autoroute du Nord (A1).

EN AVION

Brussels Airlines, la compagnie nationale belge, assure des vols quotidiens au départ de Paris-CDG,

Se renseigner avant de partir

Offices de tourisme (fermés au public)

Tourisme Belgique Flandre et Bruxelles

Pour avoir de nombreux renseignements sur Bruxelles et les villes d'art en Flandre, vous pouvez contacter l'office de tourisme Belgique Flandre et Bruxelles à Paris. Vous pourrez recevoir de la documentation touristique et télécharger des plans et des brochures.

☎ 01 56 89 14 42 (lun.-ven. 9h30-17h30) • www.visitflanders.com

Office belge de tourisme Wallonie-Bruxelles

Sur le site Internet, vous pourrez trouver des informations très utiles sur Bruxelles et la Wallonie. Il propose des parcours thématiques comme Bruxelles « en amoureux », « avec les enfants » ou « sur les traces de Tintin », ainsi que des brochures et un agenda.

☎ 01 53 85 05 20 (lun.-ven. 14h-17h) • www.belgique-tourisme.fr

Le site **www.theplaceto.be** vous fournira tous les bons plans pour un week-end arty, clubber, fashion, gourmand... selon vos envies !

Lyon, Marseille, Nice, Strasbourg et Toulouse vers l'aéroport international Brussels Airport à Zaventem. Tarifs *b.business* à *b.light economy* pour tous les budgets. Vérifiez leur site qui affiche souvent des promotions. **Informations et réservations:** **☎ 0892 64 00 30 (0,37 €/min.)** **• www.brusselsairlines.com**

Ryanair propose des vols *low-cost* pour Bruxelles Sud (Charleroi)

Pensez-y

Formalités

Les ressortissants des pays membres de l'UE, y compris les mineurs de moins de 16 ans, doivent être en possession d'une **carte d'identité** ou d'un **passeport** en cours de validité. Pour les citoyens des autres pays, il faudra s'adresser au consulat de Belgique, qui délivre des visas si nécessaire:

1, avenue Mac-Mahon, 75017 Paris • ☎ 01 44 09 39 39 • http://france.diplomatie.belgium.be/fr • Lun.-ven. 9h-13h et 14h-17h.

Les **enfants mineurs,** non accompagnés de l'un de leurs parents, doivent être en possession d'une **autorisation de sortie du territoire** (formulaire à télécharger sur : www.service-public.fr/particuliers/vos-droits/F1359).

Santé

Pensez à vous procurer la **carte européenne d'assurance maladie** (valable 2 ans) auprès de votre centre de Sécurité sociale ou sur www.ameli.fr. À votre retour, vous aurez droit au remboursement des frais médicaux que vous pourriez engager en Belgique.

Douane

La Belgique effectue un **contrôle de routine aux frontières** pour les ressortissants des pays membres de l'UE. Toutefois, si vous voyagez en train, vous pourriez être soumis à une fouille par les douaniers français ou belges en raison des trafics de drogue en provenance des Pays-Bas. Pour les ressortissants de l'UE, il n'y a plus de formalités de douane si vous possédez une facture attestant que la marchandise a été dédouanée en Belgique. Il n'existe pas de réglementation particulière pour les antiquités, à condition d'avoir un certificat d'authenticité établi par l'antiquaire, et une facture. La possession de contrefaçons entraîne la confiscation de la marchandise, du véhicule et le paiement d'une amende égale au double de la valeur de la marchandise de marque. Pour plus d'infos, contactez le **service de douane française: ☎ 0811 20 44 44 • www.douane.gouv.fr**

au départ de Bergerac, Biarritz, Bordeaux, Carcassonne, Figari, La Rochelle, Marseille, Montpellier, Nîmes, Perpignan, Toulouse et Rodez.
Réservation : www.ryanair.com

HOP ! Air France assure des vols entre de nombreuses villes françaises et la capitale belge.
Réservation :
☎ 0892 70 22 22 (0,35 €/min)
• www.hop.com

EN TRAIN

Thalys relie Paris-Gare du Nord à Bruxelles-Midi t.l.j. de 6h à 21h, jusqu'à 22h25 le dimanche (voir encadré ci-dessous).
☎ 0892 35 35 36
• www.thalys.com

EN CAR

La compagnie **Eurolines** propose des liaisons quotidiennes entre la gare de Bruxelles-Midi et la gare routière de Paris-Gallieni.
Le trajet dure 3 h 45 et des A/R sont disponibles à partir de 44 €.

Infos et réservations :
☎ 0892 89 90 91 (lun.-sam. 8h-21h, dim. 10h-18h) • www.eurolines.fr.

La **SNCF** a lancé ses cars **OUIBUS** vers Bruxelles au départ de Paris (de 19 à 35 € l'aller simple) et Lille (de 15 à 30 €). Voir aussi les promotions et le tarif Groupe (à partir de 10 personnes).
Infos et réservation :
☎ 0892 68 00 68 (lun.-sam. 8h30-20h ; 0,34 €/min)
• www.ouibus.com

DORMIR À BRUXELLES

QUEL QUARTIER ?

Les hôtels récents sont concentrés autour des institutions européennes, tandis que les vieux palaces se trouvent le long du boulevard Adolphe-Max. À proximité de la Grand-Place, vous trouverez des hôtels de charme et des chambres d'hôtes de catégorie supérieure. Près de l'avenue Louise, vous pourrez dormir dans des hôtels thématiques.

CLASSIFICATION

On peut répartir les établissements en quatre catégories : les palaces Belle Époque rénovés, les établissements de chaînes internationales, les nouveaux 4 et 5-étoiles de charme où le décor est raffiné, et enfin quelques hôtels indépendants de 2 et 3 étoiles.

TARIFS

Comptez 50 à 150 € pour un 2-étoiles, 79 à 260 € pour un 3-étoiles et 120 à 500 € pour un hôtel de luxe. Le petit-déjeuner n'est pas toujours inclus dans le prix. Si l'hôtel possède un parking, il est souvent payant.
Bon plan : le week-end, des milliers de fonctionnaires européens quittent la ville pour rentrer chez eux et les grands hôtels se vident. Regardez les promotions sur Internet ou présentez-vous aux guichets de VisitBrussels situés dans le hall central de la gare du Midi (B3), à l'hôtel de ville (Grand-Place, H7) et rue Royale (D2), on vous y proposera des hôtels catégorie luxe à des prix intéressants (parfois jusqu'à plus de 50 % de rabais). Enfin, les prix de basse saison (30-40 % de rabais) sont appliqués dans la majorité des hôtels pendant les vacances de Noël, en juillet et en août.

RÉSERVATION

Lors des grandes manifestations et salons, il est conseillé de réserver à l'avance. La majorité des hôtels est affiliée à **Visit Brussels** (office de tourisme de la Grand-Place, voir p. 205). Il s'agit d'un service de réservation gratuit de l'office de tourisme, où vous aurez un interlocuteur francophone.
☎ 02 513 89 40 • www.visitbrussels.be

Dernière minute : vous êtes à Bruxelles et vous désirez une chambre d'hôtel pour le soir même ou pour le lendemain, renseignez-vous à l'office de tourisme.

Dormir chez l'habitant : loger chez l'habitant est une formule conviviale qui permet une autre approche de cette ville secrète. Chambre simple avec salle de bains à partager, chambre avec sanitaires privés ou cadre prestigieux, à partir de 75 € pour deux personnes.

Jours fériés

Jour de l'An : 1er janvier
Lundi de Pâques
Fête du Travail : 1er mai
Jeudi de l'Ascension
Lundi de Pentecôte
11 juillet : Fête de la Communauté flamande
21 juillet : Fête nationale
15 août : Assomption
27 septembre : Fête de la Communauté française
1er novembre : Toussaint
11 novembre : Armistice
25 décembre : Noël

Bed & Brussels (infos et adresses) :
78, rue Goffart (Plan D3) • ☎ 02 646 07 37 • www.bnb-brussels.be
Pensez aussi aux locations d'appartement et à Airbnb (www.airbnb.fr)

S'inviter chez l'habitant : une autre façon de voyager, peu onéreuse, est de dormir chez l'habitant qui vous ouvre ses portes, son canapé ou la chambre d'amis... gratuitement.
Infos et réservations :
www.couchsurfing.com,
www.bewelcome.org

Retrouvez notre sélection d'adresses p. 210.

SE DÉPLACER

DE BRUSSELS AIRPORT AU CENTRE-VILLE

L'aéroport international Brussels Airport se situe à **Zaventem,** à 14 km au nord-est de Bruxelles. Pour vous rendre au centre-ville, vous avez trois possibilités : des trains et des bus réguliers ou le taxi.

En train

Le train est le moyen le plus rapide. La gare se situe au niveau -1 de l'aéroport. Le **Brussels Airport Express** assure 6 liaisons par heure au départ et à destination de Bruxelles. Le trajet dure 20 min et le ticket simple coûte 8,80 €. Le week-end, les allers-retours sont proposés à 17,60 €. Les guichets sont ouverts de 6h30 à 22h.
☎ 02 528 28 28 • www.belgianrail.be

En bus

La solution la plus économique. La ligne **Airport Line de la STIB** dessert le quartier européen en plus ou moins 30 min, elle circule sous les numéros 12 (lun.-ven. 5h-20h) et 21 (lun.-ven. 20h-23h30, sam.-dim. et j. f. 5h-23h30). L'arrêt se trouve sur la plateforme C, au niveau 0, en dessous du hall des arrivées. Les billets sont vendus en kiosque (4,50 €) et dans le véhicule (6 €).
www.stib.mivb.be

En taxi

Il vous emmènera à la porte de votre hôtel pour environ 45 €. Il faut compter 30 min à 1 h de trajet. Les taxis « officiels » peuvent être identifiés par l'emblème bleu et jaune de leur licence. Les taxis Autolux (☎ 02 512 31 23, www.taxisautolux.be) offrent une ristourne de 20 % si vous effectuez également le retour avec la compagnie.

DE L'AÉROPORT DE CHARLEROI AU CENTRE-VILLE

Si vous arrivez à l'**aéroport Charleroi-Bruxelles Sud** (60 km de Bruxelles), il existe des liaisons en bus pour la gare de Charleroi puis un train pour la gare Centrale de Bruxelles.
www.infotec.be
Toutes les demi-heures, le **Brussels City Shuttle** assure la liaison

entre l'aéroport et la gare du Midi à Bruxelles en 1h (A/R 28 €).
www.brussels-city-shuttle.com

SUR PLACE

Titres de transport

Les tickets (2,10 € à l'unité) sont en vente dans le métro (guichets et billetteries Go Tickets ; monnaie seulement, seules les cartes belges étant acceptées), dans les kiosques de la STIB et, majorés de 0,40 €, auprès des conducteurs.

• Carte MOBIB et forfait JUMP
Si vous comptez vous déplacer souvent, il est plus avantageux d'acheter une **carte MOBIB Basic** (5 €) sur laquelle vous pourrez charger un forfait JUMP (24h : 7,50 € ; 48h : 14 € ; 72h : 18 €) ou un forfait 5 (8 €) ou 10 voyages (14 €). Une fois chargée, votre carte magnétique MOBIB Basic doit être validée à chaque fois que vous montez dans un bus, tram ou métro, et elle donne droit à n'importe quel type de correspondance à Bruxelles (STIB ; De Lijn – transports en Flandre ; SNCB – chemin de fer belge), excepté les bus de nuit et les bus 12 et 21. Elle est en vente dans le métro, dans les kiosques de la STIB (Rogier, Porte-de-Namur, gare du Midi, Bourse, De Brouckère, gare du Nord, gare Centrale ; t.l.j. 6h30-21h30) et chez les marchands de journaux. Le week-end, du vendredi minuit au dimanche 3h, les onze bus du réseau **Noctis** circulent toutes les 10 min sur la ligne Rogier-Gare du Midi, et toutes les 20 min sur les autres lignes.

STIB (bus, tram, métro) :
☎ 070 232 000 (0,30 €/min)
• www.stib-mivb.be
Un plan détaillé des lignes peut être obtenu dans les stations de métro.

En métro, tram et bus

Ils circulent de 5h à minuit. Le centre est bien desservi par un réseau de métros (quatre lignes numérotées 1, 2, 5 et 6) et de trams circulant dans des tunnels, dits « prémétros ». Pour vous rendre dans les zones situées hors du Pentagone, vous aurez souvent le choix entre le tram et le bus.

À vélo

Pour les sportifs, Bruxelles est l'occasion d'une mise en jambes avec ses reliefs accidentés et ses collines. Si le réseau de pistes cyclables est loin de couvrir l'ensemble de l'agglomération, il faut savoir que le vélo est prioritaire et que des panneaux indiquent les voies qui peuvent être empruntées à contre-sens par les cyclistes. **Villo** est un système de location de vélo en libre-service. Près de 5 000 vélos sont répartis sur 360 stations dans la ville. Les abonnements journée (1,60 €) et semaine (7,90 €) sont à retirer directement aux bornes. La première demi-heure est gratuite. Libre à vous de payer les minutes supplémentaires ou de changer de monture toutes les 30 min. Carte de paiement requise pour garantie.
☎ 078 05 11 10 • www.villo.be

Bon à savoir

Langue

La Belgique compte trois langues nationales : le néerlandais, le français et l'allemand. Bruxelles est très majoritairement francophone et les commerçants flamands vous accueilleront dans la langue de Molière, mais aussi de plus en plus souvent en anglais... Voir le lexique p. 214.

Heure locale

Vous vivrez à Bruxelles à la même heure qu'en France, été comme hiver.

Voltage

Comme en France, le courant en Belgique est de 220 volts ; les prises de courant sont identiques.

Écrire et téléphoner

Les **timbres** sont en vente dans les bureaux de poste (lun.-ven. 9h/9h30-17h/18h, sam. 9h/10h-12h/13h). Les boîtes aux lettres sont rouges.

Pour téléphoner à Bruxelles depuis la France, il faut composer le ☎ 00 32 suivi du numéro du correspondant sans le zéro.

Pour téléphoner en France depuis Bruxelles, il faut composer le ☎ 00 33 suivi du numéro du correspondant sans le zéro.

Sur place, il faut former le numéro à sept chiffres, toujours précédé du préfixe 02. Un tarif réduit (50 %) pour les appels nationaux et vers la France est appliqué de 19h à 8h ainsi que le samedi, dimanche et jours fériés. Sachez que les appels passés d'une chambre d'hôtel sont surtaxés.

Depuis juin 2017, les **frais d'itinérance** *(roaming)* ne sont plus facturés par votre opérateur lors de vos voyages au sein de l'Union européenne. Vos communications (appels, SMS, MMS) et votre connexion Internet en Belgique sont désormais incluses dans votre forfait. Attention, des surcoûts peuvent toutefois continuer à s'appliquer. Ainsi pour Internet, des plafonds de consommation ont été fixés. En outre, la nouvelle réglementation européenne ne s'applique qu'en cas de déplacement : lorsque vous préparez votre voyage, vos appels et messages depuis votre pays de résidence vers l'étranger restent surtaxés. **Renseignez-vous auprès de votre opérateur.**

Pour plus d'infos : http://europa.eu/youreurope/citizens/consumers/telecoms-internet/mobile-roaming-costs/index_fr.htm

En voiture

Inutile de s'encombrer de la voiture pour circuler dans le centre-ville, les voies sont souvent encombrées, les places de parking sont rares et la police prompte à envoyer la voiture à la fourrière ! Vous pourrez très aisément visiter le centre à pied. Toutefois, pour se garer, se munir de monnaie pour les horodateurs (de 1,50 à 2 € la première heure, t.l.j. 9h-18h). Le parking est gratuit le dimanche et de 13h à 14h dans certaines communes.

- **Interparking**

☎ 02 549 58 11 • www.interparking.com

Si votre véhicule a été enlevé, adressez-vous au poste de police le plus proche pour connaître l'adresse de la fourrière.

En taxi

Comptez 2,40 € de prise en charge et 1,80 € le km dans Bruxelles-Centre et les 19 communes ; 2,70 € en dehors. Il n'existe pas de surtaxe pour les bagages, et seule la prise en charge est majorée la nuit (4,40 €, 22h-6h). Il faut compter de 8 à 15,50 € pour une course dans Bruxelles. Mieux vaut appeler un taxi, car les stations sont rares.

- **Taxis verts**

☎ 02 349 49 49 ou www.taxisverts.be

- **Taxis bleus**

☎ 02 268 00 00 ou www.taxisbleus.be

- **Taxi Hendriks**

☎ 02 752 98 00 ou www.hendriks.be

Ces trois compagnies sont équipées pour le transport des personnes handicapées.

Adresses et numéros utiles

Ambassade de France :
65, rue Ducale (Plan D2), M° Arts-Loi • ☎ 02 548 87 11.

Consulat de France :
42, bd du Régent (Plan D2), M° Parc • ☎ 02 548 88 11.

Police centrale :
30, rue du Marché-au-Charbon (Plan H7) • ☎ 02 279 79 79.

Police secours : ☎ 101.

Urgences : ☎ 112, ☎ 100.

SOS Médecins :
☎ 02 513 02 02.

Médecins de garde :
☎ 02 201 22 22.

Pharmacies de garde :
☎ 070 660 160
ou ☎ 090 01 05 00.

Service de garde dentaire :
☎ 02 426 10 26.

SOS Dépannage routier :
☎ 070 344 777.

Objets trouvés :

Aéroport de Zaventem :
☎ 090 070 000 (t.l.j. 7h-22h).

Si vous avez perdu un objet à bord de votre avion, contactez votre compagnie aérienne.

Trains (SNCB) :
www.belgianrail.be

Tram, bus, métro :
☎ 070 232 000
ou www.stib-mivb.be

À VOIR, À FAIRE

OFFICES DE TOURISME

Visit Brussels

Vous trouverez dans ces offices une documentation sur les hôtels, restaurants et activités culturelles, et vous pourrez y réserver une chambre d'hôtel. En vente, un guide très complet sur Bruxelles avec un plan (4 €), un guide des restaurants (gratuit), des plans de parcours à thème et quelques livres sur l'art et l'histoire de Bruxelles. Vous y trouverez aussi la **Brussels Card** (www.brusselsmuseums.be) valable 24, 48 ou 72h (au prix de 24, 32 et 39 €) : accès libre dans 30 musées bruxellois et réductions de 25 % dans certains bars, restaurants, commerces et attractions. Elle existe aussi avec l'option « Sightseeing » qui donne l'accès gratuit aux bus Hop on Hop off : 36 € (24h), 48 € (48h) et 59 € (72h).

L'**e-shop** du site www.visitbrussels.be permet d'acheter la Brussels Card, les tickets de musées et de certaines attractions à prix réduit.

• Hôtel de ville de Bruxelles

Grand-Place (Plan H7) • ☎ 02 513 89 40 • www.visit.brussels • Lun.-ven. 9h-18h, sam.-dim. et j. f. 10h-18h ; f. 1er janv. et 25 déc.

• Brussels Information Place (BIP)

2-4, rue Royale (Plan D2) • ☎ 02 563 63 99 • www.biponline.be • Lun.-ven. 9h-18h, sam.-dim. 10h-18h ; f. 1er janv. et 25 déc.

USE-IT, Tourist Office for Young People

USE-IT est un office de tourisme alternatif qui s'adresse avant tout aux jeunes. Vous y trouverez des cartes gratuites de Bruxelles, réalisées par de jeunes locaux. Les choix des lieux sont faits exclusivement par ces bénévoles qui vous donneront les meilleurs tuyaux pour sortir. Et enfin, vous pourrez utiliser l'ordinateur ou le Wifi gratuitement...

Galerie Ravenstein 17-18, rue Ravenstein (Plan C2), M° Gare-Centrale • www.brussels.use-it.travel • Lun.-sam. 10h-18h30.

VISITES GUIDÉES

Explore Brussels

Explore Brussels est une table ronde d'associations (ARAU, Arkadia, Bruxelles Bavard, Pro Velo) mettant en valeur le patrimoine architectural bruxellois, notamment à travers des visites guidées de demeures Art nouveau. Cette plateforme propose la réservation de visites guidées, notamment pour les hôtels Solvay et Max Hallet, la maison Autrique et de nombreuses autres demeures.

☎ 02 319 50 01 • www.explore.brussels

Arau

Arau propose (d'avr. à mi-déc.) la découverte de Bruxelles en car (le sam.) ou à pied (le dim.), sous l'angle de l'architecture, de l'urbanisme, de la politique sociale et économique (env. 19 €).

55, bd Adolphe-Max (Plan C1) • ☎ 02 219 33 45 • www.arau.org • Résa : lun.-ven. 9h-17h • Vis. guidée : 10-20 €.

Arkadia.be

Des historiens d'art font partager chaque week-end, pendant toute l'année, leur passion pour le patrimoine bruxellois.
2-4, rue Royale (Plan D2) • ☎ 02 319 45 60 • www.arkadia.be • Résa : lun.-ven. 9h-13h • Vis. guidée : 9-17 €.

Bruxelles Bavard

Le week-end (avr.-déc.), une visite thématique en car, en transport en commun ou à pied pour raconter la diversité de la ville et de ses habitants.
12, rue des Thuyas (HP par F5) • ☎ 02 673 18 35 • www.bruxelles bavard.be • Lun.-sam. 9h-18h • Vis. guidée : 9-22 €.

Fais le trottoir

Tout au long de l'année, des amoureux du graffiti vous expliquent les aspects positifs de cet art (historique, techniques de travail...), bien loin des stéréotypes qui lui sont liés. Les visites sont réalisées par deux personnes, dont un artiste.
• ☎ 0488/98 70 33 • www.faisletrottoir.com • Infos pratiques et réservations : visitegraffiti@gmail.com • Vis. guidée : 5-15 € suivant la taille du groupe.

Pro Velo

De jour ou comme de nuit (sam. 21h en saison), Pro Velo propose des balades thématiques à bicyclette (bière, cités-jardins...) de 12 à 25 km pour sillonner la capitale et ses environs.
15, rue de Londres (Plan D3) • ☎ 02 502 73 55 • www.provelo.org • Avr.-oct. : lun.-ven. 10h-13h30 et 14h-18h, sam.-dim. 10h-18h • Vis. guidée : 10 ou 15 € selon le thème • Location de vélo : 10 € • Résa et paiement en ligne.

D*Tours

Téléchargez sur votre smartphone des balades guidées (1 h 30) en ville sur différents thèmes et commentées par des Bruxellois : Les Marolles, la Grand-Place, Sainte-Catherine, architecture contemporaine...
☎ 02 345 09 59 • www.d-tours.org • Tarif : 6,50 € (certaines balades sont en téléchargement gratuit).

Itinéraires

Différentes visites à des dates irrégulières (consultez le site) : découvrir Bruxelles sur les pas de Jacques Brel, circuit BD, de l'Art nouveau à l'Art déco, etc.
171, rue de l'Aqueduc (Plan C4) • ☎ 02 541 03 77 • www.itineraires.be

La Fonderie

Nombreuses visites, à pied ou en bateau, à différentes dates : découverte du patrimoine industriel, Bruxelles et ses écoles, le quartier maritime, etc.
27, rue Ransfort (Plan B1) • ☎ 02 410 99 50 • www.lafonderie.be • Lun.-ven. 9h-17h • Vis. guidée : 9-13 €.

Bruxelles gratuit

Visiter gratuit

Les offices de tourisme proposent de nombreux parcours thématiques (BD, mode...) pour découvrir la ville sans débourser un sou.

Pour assister à un spectacle folklorique gratuit, surveillez l'agenda des séances d'habillage du Manneken-Pis (www.bruxelles.be).

La plupart des musées proposent l'entrée libre le premier mercredi après-midi du mois (voir leurs sites Internet pour vérifier la gratuité).

Le musée des Instruments de musique (C2) offre une vue imprenable sur la ville depuis son bar-restaurant (p. 53).

Des spectacles gratuits de marionnettes attendent les plus jeunes dans le parc Royal (p. 49 ; www.guignolet.brussels ; juin).

Les **Greeters** sont des bénévoles de tous les âges, passionnés par leur ville. Ils vous accueilleront et vous montreront des quartiers et des lieux qu'ils affectionnent particulièrement. Ce parcours, gratuit, dure entre 2h et 4h (www.visit.brussels/fr/sites/greeters).

Chez USE-IT (p. 205), vous pourrez vous joindre à un tour gratuit tous les lundis à 14h. Un bénévole vous montrera son quartier... et ses secrets (www.brussels.use-it.travel).

Sortir gratuit

La plupart des cafés-concerts présentés dans les pages Bars & clubs offrent des shows gratuits. Pensez à consulter leur site Internet pour plus de détails.

Le musée des Instruments de musique (p. 53) et l'église Saints-Jean-et-Étienne-aux-Minimes (p. 64) proposent aussi des concerts gratuits.

À l'occasion de la fête de l'Iris (début mai), qui célèbre la création de la région Bruxelles-Capitale, de nombreux concerts et événements gratuits animent la ville : www.fetedeliris.brussels

Segway

Visite écologique de 2 h (incluant les 17 principaux sites de Bruxelles) sur un Segway, un deux-roues électrique où le conducteur se tient debout. Après une initiation de 15 min, on parcourt la ville sous la houlette d'un guide.

En location à l'office de tourisme, Grand-Place (Plan H7-8) • ☎ 0475 661 447 (mob.) • www.segwaybruxelles.net • Juin-oct. mer.-dim., t.l.j. à 11h, 14h et 16h30 ; âge minimum 16 ans • Vis. guidée : selon le nombre de participants (env. 75 €/pers.).

Musée du Transport urbain
Visite d'avril à septembre, les week-ends et jours fériés de 13h à 19h. Visite également du musée les mercredis (13h-17h ; sans circulation des véhicules historiques ; 8 €). De novembre à mars chaque 2e week-end du mois (13-17h), 2 voyages en tram historique (tram + musée : 10 € ; durée du trajet en tram : env. 1 h).
364b, avenue de Tervueren (HP par F3) • ☎ 02 515 31 08 (hors horaires d'ouverture) ou ☎ 02 515 31 10 (durant les horaires ouverture) • http://trammuseum.brussels

LES MUSÉES

La plupart des musées ouvrent leurs portes de 9h30/10h à 17h/18h et ferment généralement le lundi. Certains musées ferment à l'heure du déjeuner, d'autres n'ouvrent que l'après-midi. De fin septembre à Noël, les **Nocturnes des musées bruxellois** proposent tous les jeudis de 17h à 22h des visites guidées et une animation originale dans au moins cinq musées de la capitale.
☎ 02 512 77 80 • www.brusselsmuseumsnocturnes.be

ACTUALITÉ CULTURELLE

Les quotidiens belges *Le Soir* et *La Libre* : tous les mercredis, un supplément avec le programme complet des manifestations et événements culturels. L'hebdomadaire *The Bulletin* (mer., en anglais, www.xpats.com) : information exhaustive sur l'agenda de la semaine. Enfin, plusieurs sites sur la vie événementielle et culturelle de Bruxelles :
https://agenda.brussels/fr ; www.out.be ; www.idearts.be ; www.quefaire.be ; www.ebru.be

ET LE BUDGET ?

La vie à Bruxelles est un peu moins chère qu'à Paris, exception faite des restaurants. Comptez 30 € par personne (sans les boissons) pour un restaurant moyen, mais il est toujours possible de trouver une petite restauration savoureuse (voir notre sélection p. 98). En plus de l'hôtel (voir notre sélection p. 210) et du voyage (voir rubrique « Pour y aller » p. 197), prévoyez un budget minimum de 75 € par personne et par jour pour profiter de la ville, de ses musées, de ses restaurants et de sa vie nocturne. Une chose est certaine, boire un café ou une bière à la terrasse d'un bistrot est deux fois moins cher qu'à Paris. Enfin, les bars ne pratiquent pas de surtaxe la nuit.

COMMENT PAYER ?

La Belgique étant un pays de la zone euro, vous pouvez y effectuer vos retraits et paiements par carte bancaire (Visa, MasterCard, etc.) comme vous le feriez en France. Il est inutile d'emporter des sommes importantes en liquide. Tous vos paiements par carte sont gratuits et vos retraits sont soumis aux mêmes conditions tarifaires qu'en France (ils sont donc gratuits pour la plupart des cartes bancaires). Les règlements par carte sont majoritairement acceptés dans les hôtels, restaurants et la plupart des magasins. Renseignez-vous auprès de votre banque avant de partir pour vous assurer que vos plafonds de retrait et de paiement à l'étranger sont activés et connaître les montants hebdomadaires autorisés. Sur place, les banques ouvrent du lundi au vendredi de 9h à 16h ou 18h et, pour certaines, le samedi de 9h à 12h.

Perte ou vol de votre carte

Avant de partir, pensez à noter les 16 chiffres de votre carte bancaire qui vous seront demandés en cas d'opposition.

Serveur interbancaire d'opposition valable pour toutes les cartes bancaires : ☎ 00 33 442 605 303.

Nos hôtels PAR QUARTIER

Autour de la Grand-Place, l'Îlot sacré (Quartier 1 - p. 24)

LA LÉGENDE

À quelques foulées de la Grand-Place et du Manneken-Pis, cet hôtel agréable propose des chambres sobres mais confortables à prix doux.
35, rue du Lombard (Plan H8), M° Gare-Centrale • ☎ 02 512 82 90 • www.hotellalegende.com • À partir de 85 €.

LE QUINZE

Un charmant petit hôtel, au sein de la maison des ducs de Brabant. À vous de choisir entre les chambres moins chères de l'arrière et la vue sur la Grand-Place ! Très bon rapport qualité-prix.
15, Grand-Place (Plan H-18), M° Bourse ou Gare-Centrale • ☎ 02 511 09 56 • www.hotel-le-quinze-grand-place.be • Double : 98-185 € (cour), 168-215 €.

FLORIS ARLEQUIN

Grand confort et situation très centrale sont les atouts de cet établissement. Le petit plus : le petit-déjeuner est servi au 7e étage avec une belle vue sur la ville.
17-19, rue de la Fourche (Plan H-17), M° Bourse • ☎ 02 514 16 15 • www.florishotels.com • 90-280 € en sem., 79-105 € w.-e.

LE DIXSEPTIÈME

Installé dans une ancienne maison de maître, l'hôtel propose deux ambiances : une partie classique - des poutres apparentes, des fresques, des meubles chinés - et une autre plus contemporaine. Des promotions sont offertes en janvier, juillet et août avec des chambres doubles à 100 €.
25, rue de la Madeleine (Plan I8), M° Gare-Centrale • ☎ 02 517 17 17 • www.ledixseptieme.be • 120-210 €.

CHAMBRES D'HÔTES DU VAUDEVILLE

Dans la prestigieuse galerie de la Reine, ces quatre chambres aux tons fanés et doux (« Diva », « Madame Loulou », « Explorateur » et « Black & White »), toutes décorées d'une façon différente, débordent de romantisme. Elles permettent de goûter à la vie des galeries royales Saint-Hubert - et d'avoir le sentiment de passer « derrière le miroir ». Demander à voir le théâtre du Vaudeville - une petite merveille de 1884.
15, galerie de la Reine (Plan I7), M° Gare-Centrale • ☎ 0484 594 669 (mob.) • www.theatreduvaudeville.be • 120-160 €.

Saint-Géry, autour de la rue Dansaert (Quartier 2 - p. 32)

HÔTEL SAINT-GÉRY

Vingt-quatre chambres toutes dessinées par un artiste différent. Les murs mêlent briques, ardoise et bois. Concerts (jeu.-sam.) dans le bar Belmonte, au rez-de-chaussée.

29-32, place Saint-Géry (Plan G7), M° Bourse • ☎ 02 204 06 20 • www.hotelstgery.com • 100-225 € en sem., 85-155 € w.-e. (sans petit-déjeuner).

PACIFIC

Cette adresse intimiste et douillette dans la très hype rue Dansaert offre une atmosphère raffinée et des touches de poésie sur les murs.

57, rue Antoine-Dansaert (Plan G6), M° Bourse • ☎ 02 833 30 40 • www.hotelcafepacific.com • 79-139 €.

Sainte-Catherine, autour des quais (Quartier 3 - p. 38)

WELCOME

Saigon, Cuba, Bali... grâce à ces chambres à thème, dormez sur un autre continent sans quitter le paisible ancien béguinage ! Suites familiales.

23, quai au Bois-à-Brûler (Plan H6), M° Sainte-Catherine • ☎ 02 219 95 46 • www.hotelwelcome.com • 95-260 €.

IBIS SAINTE-CATHERINE

Entre la modeuse Dansaert, la pétillante Saint-Géry et l'historique Grand-Place, le confort de l'Ibis Sainte-Catherine tombe à pic. Excellente literie et cadre design complètent la localisation idéale.

2, rue Joseph-Plateau (Plan H6), M° Sainte-Catherine • ☎ 02 620 04 26 • www.ibis.com • À partir de 75 €.

De Brouckère, vers le CBBD (Quartier 4 - p. 42)

THE DOMINICAN

Un peu plus à l'écart, cet hôtel de luxe est installé dans un ancien couvent. Membre du groupe Carlton, c'est le plus ancien « design hotel » de Bruxelles.

9, rue Léopold (Plan I6), M° De Brouckère • ☎ 02 203 08 08 • www.carlton.nl/fr/ • 140-195 € (sans petit-déjeuner).

MÉTROPOLE

Sacha Guitry affectionnait ce palace Belle Époque, avec dorures, marbre de Numidie et colonnes.

31, place De Brouckère (Plan H-I6), M° De Brouckère • ☎ 02 217 23 00 • www.metropolehotel.com • 130-490 € en sem., 100-255 € le w.-e.

Le mont des Arts, vers le palais royal (Quartier 5 - p. 48)

HÔTEL DU CONGRÈS

Le minimalisme des 70 chambres est compensé par l'accueil très chaleureux, la propreté irréprochable et les tarifs compétitifs.

42, rue du Congrès (Plan D2), M° Madou • ☎ 02 217 18 90 • www.hotelducongres.be • 130 € en sem., 75-105 € le w.-e. (4,50 € taxe de séjour/nuit).

BLOOM !

L'antre du design avec des chambres uniques, décorées par des artistes donnant leur interprétation du thème Bloom (« floraison »). Base iPod et machine à café dans les chambres.

250, rue Royale (Plan D1), M° Botanique • ☎ 02 220 69 05 • www.hotelbloom.com • 75-165 € (sans petit-déjeuner).

Les Marolles et la place du Jeu-de-Balle (Quartier 7 - p. 62)

BE MANOS

Chaque étage a sa couleur, chaque chambre sa photo signée Karol Cohen, de plus en plus sexy au fur et à mesure que l'on monte. Parfait pour cocooner (sauna, hammam) dans un cadre design.

23-27, square de l'Aviation (Plan B3), M° Gare-du-Midi (navette depuis la gare) • ☎ 02 520 65 65 • www.bemanos.com • 129-395 € (sans petit-déjeuner).

Saint-Boniface et Matonge (Quartier 8 - p. 68)

VINTAGE HOTEL

Une trentaine de chambres décorées années 1960, entre papier peint psychédélique et mobilier vintage. Les amoureux de la route peuvent même dormir dans une caravane !

45, rue Dejoncker (Plan C3), M° Louise • ☎ 02 533 99 80 • www.vintagehotel.be • À partir de 140 € en sem., 90 € w.-e.

LE BERGER

Cette ancienne maison de rendez-vous offre un merveilleux voyage coquin dans les années 1930 : mobilier Art déco, papier peint fleuri, salles de bains ouvertes, miroirs en bordure de baignoire… Tout y est.

24, rue du Berger (Plan D3), M° Porte-de-Namur • ☎ 02 510 83 40 • www.lebergerhotel.be • 120-150 € en sem., 85 € w.-e.

Le Châtelain et le musée Horta (Quartier 9 - p. 72)

BEVERLY-HILLS

Cet hôtel 4-étoiles n'a de californien que le nom. Mention spéciale pour les coquettes chambres mansardées avec poutres apparentes.

71, rue du Prince-Royal (Plan C3), M° Louise • ☎ 02 513 22 22 • www.hotelbeverlyhills.be • 70-139 €.

ODETTE EN VILLE

Les tarifs de ce boutique-hôtel sont élevés mais il cumule les bons points : un quartier trendy, une décoration singulière et sans fausse note, des services de luxe et des attentions charmantes.

25, rue du Châtelain (Plan D4), tram 81, 83 ou 94 (arrêt Bailly) • ☎ 02 640 26 26 • www.odetteenville.be • 275-485 € (sans petit-déjeuner) ; f. deux sem. en été (varie selon les années).

PANTONE

La déclinaison hôtelière de la célèbre palette de couleurs chère aux graphistes. Un cadre ultracontemporain, peps et design... forcément.

1, place Loix (Plan C3-4), M° Louise • ☎ 02 541 48 98 • www.pantonehotel.com • 78-149 € (petit-déjeuner : 25 €).

LES CHAMBRES DE FRANZ

Dans une maison du début du XXe s., Florence et Miguel ont aménagé des chambres indépendantes avec frigo, machine à café et bouilloire. Une touche de couleur écarlate sur les murs égaie les jours de pluie. Demandez la chambre avec la terrasse qui donne sur les jardins.

48, rue Franz-Merjay (Plan C5), tram 94 (arrêt Ma-Campagne) • ☎ 02 325 74 48 • www.leschambresdefranz.be • 110 à 140 €.

Le Cinquantenaire et la maison Cauchie (Quartier 12 - p. 90)

MONTGOMERY

Les chambres doubles de ce club anglais très cosy (un peu excentré) se déclinent en trois thèmes : marine, romantique ou Asie.

134, av. de Tervueren (Plan F3), M° Montgomery • ☎ 02 741 85 11 ou ☎ 0825 213 372 (résa 24h/24) • www.eurostarshotels.fr/eurostars-montgomery-hotel.html • 160-330 € en sem., 80-120 € w.-e. (petit-déjeuner sur demande).

Lexique

Mélange de patois flamand et de wallon, mâtiné d'expressions étrangères, le parler bruxellois surprend plus d'un Français lorsqu'il se rend dans la capitale belge. Première difficulté : s'y retrouver à la boulangerie parmi toutes les sortes de viennoiseries et de pains qui portent très rarement le nom de pain. Ensuite, ne pas se tromper : si l'on vous invite à dîner, c'est pour l'heure du déjeuner et non le soir. Ne vous méprenez pas si on vous passe le « cornet », il s'agit tout simplement du combiné du téléphone… Bref, pour éviter les bévues et savourer pleinement votre séjour bruxellois, apprenez quelques expressions usuelles qui vous mettront en joie car, finalement, elles sont tellement attachées à l'esprit *brusseleir* qu'il faut les utiliser telles quelles.

EXPRESSIONS USUELLES

Binoche : ***w.-c.***
Blinquer : ***briller***
Boentje : ***béguin*** (j'ai un boentje pour toi, sais-tu !)
Bollewinkel : ***magasin de boules,*** c'est-à-dire de bonbons
Ça va (en fin de phrase) : ***d'accord***
Cornet : ***combiné du téléphone*** (à ne pas confondre avec le cornet de frites)
Crolé : ***bouclé*** (les cheveux crolés)
Dîner : ***déjeuner***
En stoemelinks : ***en douce, à l'insu des autres***
Essuie : ***torchon de cuisine***
Essuie-main : ***serviette***
Être avec les poepers : ***avoir peur***
Fritkot : ***friterie***
Froucheler : ***tripoter, peloter***
Gai : ***amusant***
Ket(je) : ***gosse des rues*** (équivalent du titi) ; le ***ketje*** le plus célèbre est le Manneken-Pis
Keucher : ***nettoyer***
Klett : ***tête en l'air***
Klot : ***un paquet, beaucoup***
Kot : ***chambre pour étudiant***
Koter : ***habiter un kot***
Krom : ***de travers***
Loque à reloqueter : ***serpillière***
Michmach : ***mélange, mixture***
Mok ma zwet : ***jeu qui consiste à se noircir mutuellement le visage tout en gardant son sérieux***
Non peut-être : ***oui certainement***
Nonante : ***quatre-vingt-dix***
Savoir : ***pouvoir***
Septante : ***soixante-dix***
S'il vous plaît : ***voici***
Sonner : ***téléphoner***
Souper : ***dîner***
Sukkeler : ***souffrir, peiner***
Tirer son plan ou trek zijn plan : ***se débrouiller***
Tof : ***joli, bien***
Vidange : ***consigne***
Voir pink : ***voir trouble***

LE TEMPS

Il fait douf : ***il fait chaud et lourd***
Il fait cru : ***il fait froid et humide***
Drache : ***averse*** (drache nationale, car il pleut presque invariablement le 21 juillet, jour de la fête nationale)
Entre l'heure de midi : ***de midi à quatorze heures***
Saluut en de kost en de wind vanachter : ***au revoir et bon vent***

CHEZ LE BOULANGER

Bolus : ***petit pain rond aux raisins***
Cougnou : ***petit pain sucré avec un petit jésus en sucre préparé à l'occasion de la fête de Noël***
Couque : ***petit pain sucré***
Couque aux raisins : ***petit pain aux raisins***
Cramique : ***pain-gâteau sucré aux raisins***
Craquelin : ***pain-gâteau très sucré***
Gosette : ***chausson aux pommes ou à l'abricot***
Pain coupé : ***pain tranché***
Pain français : ***baguette***
Pistolet : ***petit pain rond***
Praline : ***bonbon au chocolat***

AU RESTAURANT ET AU CAFÉ

Américain : ***steak tartare***
Anntreis : ***entrées***
Baas : ***patron***
Ballekes : ***boulettes de viande à la sauce tomate***
Bloempanch : ***boudin aux gros morceaux de lard***
Carbonnade : ***ragoût de viande de bœuf à la bière***
Caricoles : ***bulots***
Ça vous goûte ? : ***cela vous plaît-il ?***
Chicon : ***endive***

Choesels : *plat bruxellois à base de testicules et de pancréas de veau, préparé traditionnellement le jeudi, jour des grands abattages de veau à Anderlecht*
Eh gevangelt : *volailles*
Goulafe : *gourmand*
Half en half : *verre de vin, moitié mousseux, moitié sec*
Maatjes : *harengs frais*
Moules parquées : *moules crues*
Pintje : *demi de bière*
Ramonache : *tartine de fromage blanc avec radis ou raifort*
Stoemp : *purée de légumes avec pommes de terre, servie traditionnellement avec des saucisses*
Tête pressée : *tranche de fromage de tête*
Vlieze : *viande*
Waterzoi : *bouillon de poulet ou de poisson aux légumes*

DANS LES CAFÉS DES MAROLLES

Babbeleir : *bavard*
Boer : *paysan*
Brol : *objet sans valeur*
Caberdouche : *café mal famé*
Flâ : *personne ennuyeuse*
Flauwske : *fadaise*
Jan men klute : *va te faire voir*
Kiekefretter : *bouffeur de poulet (surnom péjoratif des Bruxellois)*
Moukère : *bonne femme*
Peï : *type*
Pinter : *boire des bières ou un autre alcool*
Plekleer : *pilier de comptoir*
Schieve lavabo : *injure marollienne signifiant « mal foutu »*
Smeirlap : *saligaud*
Snul : *niais*
Stamcafé : *café de quartier où se rencontrent les habitués*
Stoemerik : *imbécile*
Toffe kneul : *joli garçon*
Trut : *femme laide ou désagréable*
Vlek : *de mauvaise qualité*
Zageman : *figurine de scieur mise en mouvement lorsqu'un tenancier de café désire vivement le départ d'un raseur*
Zat : *saoul* (strondcrimineil zat *étant l'état d'ébriété le plus poussé)*
Zinneke : *bâtard*
Zot : *fou*
Zwanzer : *blagueur*

Mots clés

CRÉDIT PHOTOGRAPHIQUE

Intérieur

Toutes les photographies de cet ouvrage ont été réalisées par **Patrice Hauser,** à l'exception de celles des pages suivantes :

Hemis : Bertrand Rieger : p. 1, p. 23 ; Maurizio Borgese : p. 9 (c. d.) ; Matthieu Colin : p. 11 (b. g.), p. 27 ; Bertrand Gardel : p. 15 ; Philippe Body : p. 21 ; Christophe Boisvieux : p. 25 (b.), p. 47 ; Ludovic Maisant : p. 26, p. 75, p. 108, p. 112, p. 122, p. 135, p. 142, p. 145, p. 178 (ht) ; Romain Cintract : p. 33 ; Philippe Blanchot : p. 51 ; Jean-Claude Amiel : p. 77 ; Westend 61 : p. 91 (ht) ; Jean-Baptiste Rabouan : p. 148 ; Thierry Borredon : p. 170.

Shutterstock : Botond Horvath : p. 4, p. 45 ; Adam Szuly : p. 5 ; jeafish Ping : p. 6 (b. g.) ; goga18128 : p. 7 (ht g.) ; photogolfer : p. 7 (b. g.) ; Christian Mueller : p. 8 (c. d.) ; Maurizio De Mattei : p. 9 (h. g.) ; skyfish : p. 12 (ht g.) ; bart acke : p. 16, p. 97 ; Alexandra Lande : p. 17 (ht), p. 131 ; Maria_Janus : p. 22 ; AMzPhoto : p. 29 ; Kiev.Victor : p. 37 ; Andrey Shcherbukhin : p. 49 ; mimohe : p. 54 ; eFesenko : p. 59 ; pbombaert : p. 60, p. 83 ; M.V. Photography : p. 61 ; Tupungato : p. 64, p. 66 (b.) ; S-F : p. 85 ; Erik AJV : p. 88 ; Ugis Riba : p. 89 ; Vasilika : p. 92 ; Pecold : p. 93.

Alamy/Hemis : Robert Fried : p. 7 (c. d.) ; Sylvie Jarrossay : p. 13 (ht g.) ; Peter Horree : p. 30.

©TrainWorld : p. 10.

Céline Fion : p. 28, p. 71, p. 99 (ht), p. 109, p. 133, p. 144, p. 154.

AgeFotostock : Peter Erik Forsberg : p. 35 ; Martin Moxter/imageBROKER : p. 50 ; Musée Magritte Museum, Bruxelles/Jean-Marc Charles : p. 53.

Getty Images : Thierry Orban : p. 57.

Leemage : © De Agostini : p. 91 (b.).

Romain Boutillier : p. 104, p. 107, p. 111, p. 140, p. 193.

Nous adressons tous nos remerciements aux établissements suivants pour leur aide précieuse : Atomium © www.laurentphotoaerial.be : p. 9 (b. g.) ; © Christophe Licoppe - www.befocus.be : p. 95 ; Tram Expérience © E. Danhier : p. 11 (c. d.), p. 114 (c. d.), p. 120 ; © Mima : p. 12 (c. d.), p. 41 ; Waterbus © Beco-Akenkaai : p. 12 (b.) ; Mima © Thepickles : p. 36 ; La Bellone © Sylvain Fasy : p. 39 ; Théâtre royal de la Monnaie © Johan Jacobs : p. 43, p. 143 ; Institut royal des Sciences naturelles © Thierry Hubin : p. 87 (b.) ; © Le Wine Bar : p. 99 (b.), p. 117 ; © Manhattn's Burgers : p. 101 (ht) ; Choosy © W. Stevens : p. 102 ; La Fabrique en Ville © Jon Verhoeft : p. 113, p. 126 ; © Stekerlapatte : p. 118 ; © The Little Green Shop : p. 129 ; Recyclart © Yves Andre Photography : p. 147 ; Bar du Marché © www.jonverhoeft.com : p. 152 (ht d.) ; © Alessandro Fanghella, Madame Moustache Brussels : p. 152 (b. g.) ; ©Privejoke : p. 161 ; Lilú © Luc Viatour : p. 164 ; © Stijl : p. 171 ; © Boutique Pierre Marcolini : p. 180 ; Multi BD © Bernard Vandenhoute : p. 185 ; © Vintage Items/I love typo : p. 191.

uverture

1 : © Hergé/Moulinsart 2017 (visuel principal) ; Arterra/UIG via Getty Images (b. g.) ;
el Zegers/AgeFotostock (b. d.).
: Patrice Hauser.

Dernière édition revue et enrichie par **Céline Fion.**
Éditions antérieures revues et augmentées par **Bérénice Debras.**
Édition originale établie par **Katherine Vanderhaeghe.**

Direction : Nathalie Bloch-Pujo
Direction éditoriale : Cécile Petiau
Édition : Marine Barbier-Blin, Eulalie Chantreux, Camille Dupont, Émilie Lézénès, Géraldine Péron, Adam Stambul, Julie Wood
Suivi éditorial : Archipel studio
A également collaboré à cet ouvrage : Emmanuelle Fernandez
Cartographie : Frédéric Clémençon et Aurélie Huot
Fabrication : Rémy Chauvière

Conception graphique de la couverture et de la maquette intérieure : Caroline Joubert • www.atelier-du-livre.fr
Mise en pages intérieure : Chrystel Arnould

Contact presse : rmazef@hachette-livre.fr - ☎ 01 43 92 36 66
Contact publicité : vhabert@hachette-livre.fr - ☎ 01 43 92 32 52

Aussi soigneusement qu'il ait été établi, ce guide n'est pas à l'abri des changements de dernière heure, d'erreurs ou omissions. Ne manquez pas de nous faire part de vos remarques. Informez-nous aussi de vos découvertes personnelles, nous accordons la plus grande importance au courrier de nos lecteurs :
Guides Un Grand Week-end - Hachette Tourisme - 58, rue Jean-Bleuzen, 92 170 Vanve:
weekend@hachette-livre.fr
Facebook @GuidesUnGrandWeekend • **Instagram** @ungrandweekend
• **Twitter** @ungrandweekenda

Édité par Hachette Livre (58, rue Jean-Bleuzen, CS 70007, 92 178
Imprimé par Polygraf (Capajevova 44, 08199 Presov, Sl
Achevé d'imprimer : décembre 2017
ISBN : 978-2-01-700838-5 - 63-3297-8
Dépôt légal : décembre 2017 - Collection n°44 - É